Mosaik bei
GOLDMANN

*Buch*

Sie ist wunderschön, aber auch sehr hart – die erste Zeit mit dem Baby. Die meisten Elternratgeber zeichnen ein rosarotes Bild: glückliche Schwangerschaft, glückliche Geburt, glückliches erstes Jahr. Doch die Wahrheit sieht oft anders aus: kein Schlaf, kein Job, kein Sex, keine sozialen Kontakte, keine gute Figur. Birgit Ehrenberg warnt vor der Verdrängung dieser Probleme und macht Mut, sich mit offenen Augen auf das Abenteuer Mutterschaft einzulassen. Denn wer von vornherein weiß, was ihn erwartet, wird vor Enttäuschung und Verdrängung bewahrt. Die Autorin betont: Die Mutterrolle allein macht nicht glücklich. Menschlich und liebevoll, aber auch schonungslos ehrlich schildert sie von der Schwangerschaft bis zum Kindergartenalter, wo die Fallstricke liegen und wie man sie umgeht. Denn es gibt ein Leben jenseits der Krabbelgruppe.

*Autorin*

Birgit Ehrenberg, Jahrgang 1962, ist verheiratet, Mutter von zwei Kindern und seit vielen Jahren erfolgreiche Kolumnistin in Sachen Liebe und Partnerschaft. Sie schreibt regelmäßig für verschiedene Zeitungen und Magazine. Ihre Kolumne »Liebe leicht gemacht« erscheint jede Woche in »Frau im Spiegel«.

Birgit Ehrenberg

# Die Mami-Falle

## Das etwas andere Handbuch für glückliche Mütter

Mosaik bei
GOLDMANN

FSC

Mix

Produktgruppe aus vorbildlich bewirtschafteten Wäldern und anderen kontrollierten Herkünften

Zert.-Nr. SGS-COC-1940
www.fsc.org
© 1996 Forest Stewardship Council

Verlagsgruppe Random House FSC-DEU-0100
Das für dieses Buch verwendete FSC-zertifizierte Papier *Munken Print* liefert Arctic Paper Munkedals AB, Schweden.

1. Auflage
Originalausgabe Oktober 2006

Umschlaggestaltung: Design Team München
Umschlagfoto vorne: zefa/P.Leonard
Umschlagfoto hinten: Arne Weychardt
Satz: Buch-Werkstatt GmbH, Bad Aibling
Druck und Bindung: GGP Media GmbH, Pößneck
CH · Herstellung: Han
Printed in Germany
ISBN 10: 3-442-16823-6
ISBN 13: 978-3-442-16823-1

www.goldmann-verlag.de

# Inhalt

## Von der Babyinsel zurück in die Welt

# Widmung

Für meine Mutter Rosa Ehrenberg, meine Oma Elvira,
für meine Kinder Nele und Elias

## Vorwort
# Kinder machen glücklich!

Ich hatte nie den Wunsch, eine Familie zu gründen. Ich wollte partout keine Kinder und habe schon als junges Mädchen davon geträumt, in Italien zu leben und Bücher zu schreiben. Ich wünschte mir einen freien Blick aufs Meer, in mich hinein und in die Seelen anderer Menschen, unverstellt von Zwängen, wie sie meines Erachtens die Mutterschaft und damit die Rückbesinnung auf eine sehr traditionelle Rolle mit sich bringen würde. Mein Traum: eine Art weiblicher Hemingway an der Adria. Wüst und wild, schöpferisch und zugleich zerstörerisch – in jeder Hinsicht unkonventionell. Eher typisch männlich als typisch weiblich. Dazu passten keine Kinder.

Dieses Bild gefällt mir heute noch, obwohl ich es inzwischen aus der Distanz betrachte, es mir wie ein flüchtiger Schatten aus einem anderen Leben und nicht mehr begehrenswert erscheint. Ich führe nun ein ziemlich bürgerliches Leben. Wüst und wild bin ich nur noch gelegentlich. Unkonventionell und schöpferisch jeden Tag, selbstzerstörerisch nie, weil ich glücklich bin. Ich bin heilfroh, dass ich mit Mitte dreißig plötzlich schwanger wurde und Nele zur Welt brachte. Was für ein Geschenk. Als ich meine Tochter zum ersten Mal ansah, wusste ich, dass ich den größten Fehler meines Lebens gemacht hätte, wenn ich kinderlos geblieben wäre. Dieses winzige, rührende und doch so gewaltig große Leben. Diese Ehrfurcht. Nie war ich der Schöpfung, nie war ich Gott näher, obwohl ich an Gott in meinem schnellen Leben bis dahin kaum einen wirklich ernsthaften Gedanken »verschwendet« hatte.

Ich habe damals gesagt, dass die Geburten meiner Kinder das sein werden, an das ich denke, wenn ich eines Tages sterbe. Wieso ich in diesem wunderbaren Moment an den Tod dachte? Er war bedeutungslos.

Ich weiß, es klingt kitschig-naiv in einer rationalen Welt, die sich alles selbst erklärt, aber heute frage ich mich, wie ein Mensch mit Kindern Atheist sein kann. Oder warum sich immer mehr Frauen und Männer tatsächlich bewusst gegen Kinder entscheiden. Nichts liegt mir ferner als das Feindbild »Kinderlose« an die Wand zu malen. Ich finde es nur schade, sich die fundamentalste Art der Liebe entgehen zu lassen. Liebe, die ohne jede Bedingung ist. Da ich die Liebe zwischen Mann und Frau kenne, so wie die Liebe zu Kindern, kann ich sagen: An die Liebe zu Kindern reicht die Liebe zu einem Mann nicht heran. Das sehen viele Mütter so. Für jemand wie mich, der viel verlangt vom Leben, nichts auslassen möchte, der ausschweifend lebenshungrig ist, sind Kinder genau das Richtige. Diesen Hunger lindern Kinder nicht nur. Sie machen satt, aber nicht träge. Ich wundere mich, welche Energie meine Kinder in mir mobilisiert haben.

Ein kluger Kopf hat einmal gesagt, dass jene Frauen keine Mutter werden wollen, die ihr eigenes unglückliches

Kind in sich noch nicht überwunden haben. Die selbst nicht erwachsen sind, die bewusst oder unbewusst in ihre Kindheit und deren Traumata verstrickt sind. Gleichgültig, was diese Frauen nach außen hin als Begründung anführen – da ist auf jeden Fall etwas dran. Ich weiß es aus eigener Erfahrung. Ich habe das Kinderkriegen abgelehnt, weil ich meine eigenen kindlichen Sehnsüchte noch nicht gestillt hatte. Kinder sind nicht nur auf emotionaler Ebene das Größte, sie geben einem auch intellektuell eine Chance, sich selbst zu erkennen, sich neu zu erfinden, eine traurige Biographie abzustreifen wie eine alte Haut. In meinem Leben ist durch die Kinder alles besser geworden, doch eben nicht auf traditionelle Weise. Weil ich mich den klassischen Zwängen der Mutterschaft nicht gefügt und mich nicht zurückgezogen habe in den Bereich des Häuslichen, sondern im Gegenteil mit Hilfe meiner Kinder alle persönlichen und beruflichen Pläne verwirklichen konnte. Wer weiß, vielleicht leben wir alle eines Tages doch in Italien und gucken aufs Meer.

# Einleitung

## Warum Sie dieses Buch dringend brauchen, um das Glück für immer festzuhalten

Dass Sie Kinder möchten, finde ich goldrichtig. Wenn Sie noch zögern, betrachten Sie dieses Buch als Orientierungshilfe. Vielleicht sind Sie bereits Mutter, aber das Glück und die Erfüllung, die Sie ersehnten, sind nicht eingetreten – oder nicht in dem Maße, wie Sie es sich erhofften. Dann sind Sie bei mir auch an der richtigen Adresse. Denn obwohl hier und allerorts und vor allem in den gängigen Ratgebern für werdende und real existierende Mütter von Glück die Rede ist, muss ein ehrlicher Ratgeber versuchen, einen der größten Widersprüche anzugehen, den es im Leben einer Frau gibt: In Kindern liegt tatsächlich eine der vielversprechendsten Verheißungen auf beständiges Glück, ein Zauber, etwas Großartiges, das wir uns alle innigst wünschen – und zugleich drohen viele *Unglücks-Fallen,* in die Sie tappen können, wenn Sie ein Kind zur Welt gebracht haben. Dabei denkt man, es könnte einem nie wieder etwas passieren.

Dies ist ein menschliches Paradoxon, wie es das Leben für uns so manches Mal bereithält. Mutter zu sein macht nicht automatisch glücklich. Eine Provokation vielleicht für eine Frau, die jahrelang Entbehrungen auf sich nehmen musste, um schwanger zu werden, die sich in einer Fruchtbarkeitsklinik gequält hat.

Dennoch ist es nicht zynisch von mir, das Mutterglück in Frage zu stellen. Ich kenne Legionen von Frauen, die sich – völlig unberechtigt – für schlechte Mütter halten und darunter leiden. Diese Frauen zermürben sich mit Selbstzweifeln, weil ihre eigene Erwartungshaltung an ihre mütterlichen Fähigkeiten sie kaputtmacht. Mütterliche Selbstlosigkeit, ständige Aufopferung, Geduld und gute Laune lassen sich eben nicht leicht aufrechterhalten, wie es uns die kursierenden Mütterbilder in den Medien suggerieren, es ist eine tägliche Anstrengung, eine Leistung.

*Mutterglück in Deutschland fällt einem nicht in den Schoß.* Deshalb gibt es diesen riesigen Markt an Ratgeberliteratur, der den Müttern auf die Sprünge helfen soll. Das Kinder-Thema hat auch das Fernsehen längst erobert: Baby-Alarm, Schnuller-Alarm, alle in heller Aufregung. Anfang der Sechziger kam eine junge Mutter noch mit dem Klassiker »Dr. Spocks Säuglings- und Kinderpflege« aus – zwei schmale Taschenbücher. Inhalt: Füttern, Baden, Wickeln, Fiebermessen. Heute dagegen wirft der Internet-Händler Amazon. de allein beim Stichwort »Geburt« 1840 Buchtitel aus.

Ein Thema kommt immer zu kurz: Während uns unsere Kinder einerseits so glücklich machen wie sonst nichts auf der Welt, während wir sie verteidigen würden wie eine Löwin ihre Jungen, so rufen sie in uns andererseits von Zeit zu Zeit eine solche Wut, eine solche Frustration wach, dass wir uns schwer tun, diese Aggressionen wirklich als unsere eigenen zu akzeptieren. Wir sind mit den Nerven am Ende, weil uns die Kleinen wochenlang nicht schlafen lassen, weil wir es ihnen nie recht machen können, weil sie unseren Lieblingspulli zerschneiden, die frisch gestrichene Wand mit Filzstift beschmieren. Es gibt viele Gründe.

»Die Überlastung vieler Mütter ist ein Problem, das in der Öffentlichkeit und in der Ausbildung von Ärzten und Psychologen viel zu kurz kommt«, kritisiert Sabine Suhrholt, Vorsitzende des Vereins »Schatten und Licht«, einer bundesweiten Selbsthilfeorganisation von Frauen, die nach der Geburt an anhaltenden Depressionen litten. Die Erwartungshaltung von Umwelt und Familie sei eine der Ursachen für diese Erkrankung.

Mutterglück ist ein stehender und viel zitierter Begriff – Mutterunglück dagegen als alltägliches »normales« Phänomen gibt es anscheinend nicht. Ich will hier keinen Freibrief ausstellen für bösartige, gleichgültige oder egoistische Mütter, sondern die angeschlagenen Nerven der normalen Durchschnittsmutter beruhigen und aufbauen. Ich möchte Perspektiven zeigen, allerdings jenseits eines konservativen Verständnisses von Mutterschaft. Ich möchte all jenen Frauen Trost zusprechen, die ihre Kinder manchmal zum Niederknien finden – und manchmal zum Kotzen. Ich möchte Mütter befreien von der kritiklosen Unterwerfung unter eine Ideologie der guten Mutterschaft – zugunsten einer *glücklichen Mutterschaft.*

Jawohl. Diese Tabuisierung mütterlicher Unglücksgefühle ist wirklich seltsam. Es geht doch um Liebe, um Liebesglück – und das hat immer einen Preis, ein Gegenteil: Liebeskummer. Je größer die Liebe, desto größer kann der Kummer sein. Kein Mensch kann wahre Liebe fühlen, der nicht einmal wenigstens den Verlust von Liebe empfunden hat, und sei es auch nur für kurze Zeit. Wenn eine Mutter jammern darf, dann weil es den Kindern schlecht geht. Ihre Mutterrolle hat sie in keinem Augenblick ihres mütterlichen Daseins in Frage zu stellen.

Denn: Eine unglückliche Mutter, die ihr Los nicht per se als sinnstiftend erfährt, der das nicht reicht, ist eine schlechte Mutter – das ist das Bild, das die Gesellschaft vorgibt. Eine »Rabenmutter«. Ein Ausdruck, der nur in Deutschland existiert, was schon darauf schließen lässt, dass es in Deutschland ein Mutterkonzept der besonderen Art gibt. In Frankreich dagegen ist die »mère poule«, die Gluckenmutter, verdächtig. Die Frau, die sich auf ihre Kinder fixiert, die ihren Beruf aufgibt.

Wenn die Mutter-Kind-Beziehung an sich wirklich durchgehend eine traumhafte ist, wie es einem immer ins Bewusstsein gehämmert wird, dann muss das Gefühl der Aggression etwas »Unnatürliches« sein, ein Verrat – dieser Gedanke beschleicht die zornige Mutter, sie fühlt sich schuldig, schweigt darüber, quält sich mit der Frage: Wie werde ich endlich auch eine gute Mutter?

Darum geht es schon, bevor die Frau überhaupt schwanger ist. Früher hieß es vorsichtig: »Ich bin guter Hoffnung«. Heute ist man schon Mutter und stürzt sich auf diese Rolle, bevor eine Befruchtung stattgefunden hat. Der mütterliche Stress beginnt schon lange vor der Schwangerschaft! Mit dem prophylaktischen Verzicht auf legale Drogen, der Einnahme von Folsäure-Kapseln und der umfassenden seelischen Vorbereitung auf das Event Schwangerschaft.

Überall wird verklärt vermittelt, wie Sie die Schwangerschaft, die Geburt und den Alltag als Mutter zu erleben haben. Wie perfekt alles laufen muss. Wie es bei anderen Frauen perfekt läuft. Wer einen »Fehler« macht, gerät ins Zwielicht. Dafür sorgen leider allein schon die anderen Schwangeren und Mütter, die sich wie Hyänen auf einen werfen. Die Debatten um richtig oder falsch nehmen den Charakter von Glaubenskriegen an. Hast du gesehen, die ist schwanger und hat geraucht! Hast du gesehen, die hat an ihrem Geburtstag am Sekt genippt! Alkohol in der Schwangerschaft! Und morgens trinkt sie Kaffee. Unverantwortlich. Sie wünscht sich einen Kaiserschnitt, will nicht natürlich entbinden – wie feige. Sie will nicht lange stillen – unverzeihlich! Sie stillt und versucht zugleich, das Kind an die Flasche zu gewöhnen – Saugverwirrung! Sie gibt ihr Kind nach acht Wochen in die Krippe, obwohl sie noch nicht einmal arbeiten muss. Der Mann verdient genug. Wie egoistisch – ein emotionales Monster. Noch nicht einmal Speck darf eine neue Mutter mit gutem Gewissen auf den Hüften haben, seit Heidi Klum zeigte, dass sechs Tage nach der Geburt die Figur wieder tadellos sein kann, eine Frau muss sich nur ein wenig zusammenreißen.

Die Toleranzgrenze, was eine Schwangere, was eine Mutter zu tun und zu lassen hat, geht gegen null. Alles ist vorgegeben und insofern auch ablesbar an Indizien. Wie es drinnen aussieht, interessiert keinen. Deutsche Mutterliebe ist unerträglich demonstrativ. Die Inszenierung von Mutterliebe kann man herrlich beobachten, wenn elterliches Engagement bei einem Fest für Kinder gefragt ist – im Kindergarten, in der Schule, beim Geburtstag. Da wird gekocht und gebacken, aufgetischt ohne Ende, es werden turmhohe Torten serviert. Und die Kinder greifen nach den Gummibärchen, sie interessieren sich für diese Art von »Beweisen« mütterlicher Perfektion nicht. Mit einem untrüglichen Gespür für Authentizität erkennen sie, dass es bei dieser Art von Show nur um eine einzige Person geht: die Mutter. Um ihre Geltungssucht.

Von dieser Art von repressivem Engagement sollten Sie sich nie unter Druck setzen lassen. So wie die arme Heldin aus dem Roman »Working Mum« von Allison Pearson es leider mit sich geschehen lässt. Eine Top-Managerin mit zwei Kindern, eine herzensgute und kluge Frau, die bei Bedarf fertige Muffins kauft und diese so manipuliert, dass sie wie selbstgemacht aussehen. Um der Häme der anderen Mütter zu entgehen, die selbstverständlich vor jedem Anlass tagelang in der Küche stehen. Nicht, dass wir uns falsch verstehen: Mütter – und auch Väter – sollten sich dafür interessieren, was ihre Kinder essen, sich mit Freude in der Schule engagieren – in einem Rahmen, der den Kindern Genüge tut, nicht der Eitelkeit schmeichelt. Wer hat das nötig?

Nur bei einem Thema scheiden sich die mütterlichen Geister nicht, will man den traditionellen Ratgebern Glauben schenken. Welche Mutter geht wieder arbeiten? Welche bleibt zu Hause? Verdächtigerweise hat man als Mutter hier die freie Wahl. Ausnahmsweise kann man nichts falsch machen. Es gibt zwei gleichwertige Wege.

Die Lebensmodelle werden brav in zwei Kapiteln abgehandelt, gleich lang, gleich ausführlich. Eines ermuntert die Frauen, die nicht arbeiten möchten, dazu zu stehen, sich trotzdem Zeit für sich selbst zu gönnen – auch mal sieben gerade sein zu lassen in Küche und Keller. Ein anderes

Kapitel berät die Mütter, die arbeiten wollen oder müssen, wie sie Beruf und Kinder am besten verbinden. Sonst darf man als Mutter wirklich nicht aus der Reihe tanzen, aber in der Gestaltung des Lebens nach der »Babypause« ist jede ihr eigener Herr, soll und darf nach ihrer Fasson glücklich werden. Und damit niemand auf die verwegene Idee kommt, das historisch gesehen längst disqualifizierte und ad acta gelegte Hausfrauentum doch als die schlechtere der Möglichkeiten zu begreifen, fehlt es nicht an Beistand für die Hausfrau. Die Botschaft: Lass dir von niemandem einreden, man würde verdummen oder versauern, wenn man den Beruf »nicht aktiv« ausübt. Hausfrau sein – das ist ein Beruf, er kann neben jeder noch so anspruchsvollen Berufstätigkeit bestehen. Das steht in einem so genannten »ehrlichen Buch vom Kinderkriegen«, das sonst ganz aufgeklärt daherkommt! Ich weiß nicht, was sich die Autorinnen dabei gedacht haben. Wahrscheinlich haben sie es gut gemeint. Solche Rückendeckung finden Sie bei mir nicht. Und ich meine es richtig gut mit Ihnen.

Während ich in allen Bereichen für einen offenen und individuellen Umgang mit Schwangerschaft und Mutterrolle plädiere und jeder Frau für ihren persönlichen Weg den Rücken stärke, werden Sie mich, wenn es um die Berufstätigkeit der Mutter geht, erstaunlich rigide erleben. Wir sind hier noch nicht so weit – aber ich kann schon so viel sagen: Mein leidenschaftliches Plädoyer für die unbedingte Rückkehr in den Job, hat nichts damit zu tun, dass ich Ihnen den Spaß am Leben mit Ihren Kindern verderben möchte. Im Gegenteil. Ich will Ihnen das Leben nicht schwerer machen, sondern leichter. Sie werden sehen.

Meine Botschaft: Selbstverständlich »versauert« man zu Hause. Was denn sonst? Ob Mann oder Frau – jeder Mensch versauert dabei. Es ist nur ein längerer Prozess, das merkt man nicht gleich. Am Anfang fühlt es sich vielleicht sogar angenehm an, das Verbleiben im Haus. Man kommt auch nicht groß zum Nachdenken, hat viel um die Ohren, wirbelt täglich Staub auf, kann sich am Abend sagen, was alles geschafft worden ist. Das häusliche Leben – vor allem mit Kleinkindern – ist anstrengend. Das ist am Anfang ein 24-Stunden-Job.

Doch warum will man Frauen wieder weismachen – im Jahr 2006 –, dass das Hausfrauentum als dauerhafte Lebensform eine ernsthafte Stütze für das weibliche Selbstwertgefühl sei? Dass es gar so etwas wie »hausfrauliches Glück« geben kann? Wer hat diesen alten Knochen wieder ausgegraben und wirft ihn den Frauen zum Fressen vor? Das ist gemein, mütterfeindlich, menschenfeindlich. Es ist eine Täuschung.

Das deutsche Mutterbild ist ein anachronistisches, das in der zweiten Hälfte des vergangenen Jahrhunderts schon dem Untergang geweiht war und jetzt eine unglaubliche Renaissance erlebt. Eines, das Mütter einem Druck aussetzt, dem kaum eine genügen kann – der sie früher oder später in die Falle, ins Unglück, laufen lässt. Nicht, weil an ihr etwas falsch ist, sondern, weil der Verhaltenskodex, dem sie genügen soll, unmenschlich ist. Dabei geht es ausschließlich um all die primär »weiblichen« Tugenden der Selbstaufopferung und des häuslichen Kleinkrams. Eine repräsentative GEWIS-Umfrage im Auftrag von tv Hören und Sehen ergab, dass 81 Prozent aller Deutschen eine

Mutter ideal finden, die gut kochen kann und »den Haushalt im Griff hat«. Nur drei Prozent fanden es wichtig, dass sie auch erfolgreich im Beruf ist.

Es ist höchste Zeit, das Bild der allseits glücklichen und patenten Hausfrauen-Mutti wieder in die Mottenkiste zu verbannen. Die Frauenbewegung hat es mit gutem Grund bekämpft. Frauen sind in solch einem Leben verkümmert.

Plötzlich ist das antiquierte Lebensmodell wieder da. Ich bin nicht die Erste, die sich über die Renaissance dieses fragwürdigen Mutterbildes wundert und ärgert. Es wird in den Medien mehr und mehr zum Thema. »Wollt ihr die totale Mutter?«, hieß es schon 2001 in der ZEIT.

Haben Sie sich überlegt, ob Sie die totale Mutter sein wollen? Oder sind? Und ob es Sie wirklich und für alle Zeiten glücklich macht, »nur« Mutter zu sein? Lord Richard Layard, der Direktor des berühmten »Center of Economic Performance«, stellt in seinem Buch »Die glückliche Gesellschaft« fest, dass die Geburt eines Kindes den Glückspegel rapide nach oben treibt. Für zwei Jahre. Dann braucht der Mensch, die Frau, wieder einen neuen Anreiz. Der Vater hat ihn ja meist ohnehin – das Leben draußen, der Erfolg im Job.

Ich weiß nicht, ob deutsche Mütter solche Publikationen registrieren und reflektieren. Wenn ich Frauen auf diese Rück-Entwicklung anspreche, tun die meisten so, als hätten sie davon nichts gehört. Jede kennt natürlich eine Frau, die arbeitet und hält diese als Beispiel bereit, dass dies zumindest möglich ist in unserer Gesellschaft. Unter den Tisch fällt dabei das Verhalten der Mehrheit der Frauen, die nach der Geburt ihrer Kinder ihr komplettes

Leben umkrempeln. Diese Entwicklung war dem Magazin Focus sogar eine Titelgeschichte wert: »Die Muttierung«.

Solche Artikel beschreiben nüchtern die Wirklichkeit, machen sich lustig über die brave deutsche Mutter. Sie sind journalistisch notwendig als Bestandsaufnahme, doch sie verändern nichts. Sie machen die Frauen eher bockig.

Wichtig im Leben ist doch das Glück, die persönliche Erfüllung. Vielleicht manchmal sogar wichtiger als für Männer. Eine Frau, eine Mutter, sollte sich fragen: Bin ich glücklich? Was macht mich wirklich glücklich? Was muss ich tun, damit es mir auch in zehn Jahren gut geht? Die Kinder werden heute wieder als Lebensaufgabe begriffen. Vermeintlich erfüllen sie die Frauen. *Irgendwann kommt aber der Tag, an dem sie merken: Die Kinder haben meine Zeit ausgefüllt, aber nicht mich. Etwas Entscheidendes fehlt.* Dann ist es für einen Kurswechsel allerdings zu spät.

Ich möchte mit meinem Buch dazu beitragen, das Bewusstsein zu schärfen für diese eine ganz große Falle – und für die vielen anderen kleinen, in die Sie tappen können.

Ich verstehe dieses Buch als freundschaftlich-kritischen Diskurs und Ratgeber – von Mutter zu Mutter, von Frau zu Frau. Ich möchte das derzeit herrschende deutsche Mutterbild vom historischen Ballast befreien, der auch Ihnen auf der Seele liegen wird – früher oder später. Wenn Sie in diesem Augenblick im Krankenhaus liegen, Ihr Baby im Arm und überglücklich, kommen Ihnen diese Zeilen sicher nicht gelegen, und ich erscheine Ihnen wie eine Mutter von einem anderen Stern mit meinen Kassandra-Rufen. Lesen Sie weiter, geben Sie mir die Chance zu zeigen, wie Sie dieses momentane Glück festhalten können. Das heißt: Wie

Sie es einbinden können in Ihr ganzes Leben! Wenn Sie es richtig machen, sind Kinder ein wahres Füllhorn.

Das Idealbild der guten Mutter ist nicht nur verfehlt, es setzt sich auch großzügig über die mütterlichen Bedürfnisse und Grenzen hinweg. Auch über Ihre Grenzen und Bedürfnisse. Wenn etwas schief läuft, trägt immer die Mutter die Schuld. Das hat zu einer Verunsicherung und Selbstbeobachtung geführt, wie sie selbst die Frauen aus vorfeministischen Zeiten nicht gekannt haben. Wird zum Beispiel eine Frau nach der Geburt des Kindes depressiv oder erlebt sie die Mutterschaft als unbefriedigend, so wird das von den Psychologen als Zeichen einer Fehlentwicklung gesehen, die Ursachen werden in den frühkindlichen Erfahrungen der Mutter gesucht. Und nicht in den mit der Mutterwerdung verbundenen hohen Anforderungen. Die Persönlichkeit der Mutter, ihr Verständnis von Mutterschaft, ihre Wahrnehmungen, Gefühle, Ängste, Identitätskonflikte werden ausgeklammert.

Die Mutter hat es bitter nötig, wieder wahrgenommen zu werden, und zwar nicht nur als Bezugsperson für das Kind, sondern als ein eigenständiges Individuum.

Ich kenne so viele unglückliche und frustrierte Mütter, privat und beruflich, durch meine Arbeit als Partnerschaftsexpertin für Zeitungen und Zeitschriften. Es scheint sogar mehr unglückliche Mütter zu geben als Singles. Die Singles hoffen alle noch auf Mr. Right, auf Nestbau und häusliche Harmonie. Wer Träume hat, hat eine Zukunft. Die verheirateten Frauen mit Kindern haben das Träumen oft aufgegeben, bringen das, wonach sie sich vielleicht lange sehnten, einfach nur noch hinter sich – Ehe, Familie, Haushalt. Listen abhaken. Meistens wissen diese Frauen nicht, was ihnen wirklich fehlt. Weil sie das Wichtigste schon haben! Und nicht darauf kommen, dass es ihr spezifisch deutscher Umgang mit diesem Geschenk »Kinder« ist, der sie in diverse Unglücksfallen tappen lässt. Deutsche Mütter wissen nicht, dass es an jeder Ecke Mami-Fallen gibt, dass sie höllisch aufpassen müssen, vor allem auf sich selbst.

Moderne deutsche Mütter sind allein wie nie zuvor mit all ihren normalen Zweifeln und Ängsten. Die Ratgeber oder das Fernsehen erzeugen nur Druck, machen noch einsamer. Nicht allein sein – das ist aber für das Mutterglück die halbe Miete. Früher haben Schwangere und frisch gebackene Mütter nicht aus Büchern gelernt, sondern von ihren eigenen Müttern, von den Nachbarinnen, von Freundinnen. Und sie konnten dabei auch all ihre Unsicherheiten loswerden, Geborgenheit erfahren – sich bestätigen lassen.

Mütter sollen und wollen vor allem viel Liebe geben. Das ist ihre »Bestimmung«, ihre Verantwortung. Um diese Mammutaufgabe zu bewältigen, brauchen sie selbst sehr viel Liebe und Verständnis. Sonst drehen sie durch.

Die Idee zu diesem Buch ist mir gekommen, als ich die amerikanische Erfolgsserie »Desperate Housewives« sah. Falls Sie die Sendung nicht kennen: Es geht um Hausfrauen, es geht um eine Clique von Frauen in einem Vorort, bis auf eine Ausnahme alle Mütter – unglückliche, wie Sie sich denken können. Immer am Rande des Nervenzusammenbruchs. Folgende Szene war für mich das Schlüsselerlebnis für dieses Buch: Lynette, in ihrem »alten« Leben Karrierefrau, jetzt Mutter von vier Kindern und Ehefrau von einem Kerl, der zwar freundlich und bemüht ist, aber nie da. Und wenn er da ist, möchte er gern ein fünftes Kind machen. Lynette ist in jeder Hinsicht mit ihren kaum zu domestizierenden Jungs, dem Haushalt und dem liebeshungrigen Mann physisch und psychisch überfordert. Von den anderen Müttern durch Übermütterlichkeit und Perfektion in tiefe Komplexe und in die Schlaflosigkeit getrieben, fängt sie an, Pillen zu schlucken. Sie schluckt die Dinger wie Bonbons, bis sie irgendwann zusammenbricht und auspackt. Da fangen ihre Freundinnen an zu erzählen, mit welchen Nöten sie zu kämpfen hatten, vor allem als die Kinder klein waren. Am Ende weint Lynette, schluchzt vor Erleichterung. Sie ist keine schlechte Mutter, einfach nur kaputt, müde und unglücklich. Plötzlich hat sie den Kopf wieder frei, das Herz voller Liebe für ihre Kinder.

Das ist genau die Ansprache, die Mütter brauchen. Und die leider die wenigsten Frauen bekommen. Ohne erhobenen Zeigefinger (»Die soll gefälligst dankbar sein für ihre Kinder«). Gott sei Dank habe ich meine Freundin Steffi, die mein Händchen hält, wenn ich erschöpft bin vom Muttersein. Die mir ein kräftigendes Süppchen kocht und eine Flasche Sekt aufmacht. »Auf die derzeit erschwerten Lebensbedingungen« ist unser heiteres Prost-Motto. Sie ist so verständnisvoll, weil sie eben auch schon weinend vor meiner Tür stand, nachdem sie tagelang nicht schlafen konnte. Steffi ist immer für mich da, obwohl sie 30 Stunden in der Woche arbeitet und Zwillinge hat. Es sind merkwürdigerweise meistens die berufstätigen Frauen, die Zeit für Trost und Hilfe haben. Oder jene, die die menschliche Größe haben, selbst ihre »kleinen« schäbigen Gefühle zuzugeben: Du hast fast den Lieblingsteddy deiner Tochter aus dem Fenster geworfen, weil sie dich auf 180 gebracht hat? Schlechtes Gewissen? Kenne ich. War ich auch schon kurz davor, habe den Teddy dann doch gerettet.

Das sind Mütter aus Fleisch und Blut. Solche Mütter haben viel zu geben, sich selbst, ihren Kindern und der Welt! Solche Mütter haben Nerven, manchmal gute, manchmal schlechte. Auf jeden Fall: Seele.

Meine eigene Mutter hatte eine. Sie hatte oft ganz schlechte Nerven, denn sie war eine unglückliche Frau, mit großen Gefühlen und großen Ideen in einer kleinen Welt – so traurig und so allein gelassen, dass sie nicht in der Lage war, so mütterlich zu sein, wie sie es liebend gern gewesen wäre und auch gekonnt hätte, wenn die Bedingungen gestimmt hätten. Darunter hat sie ihr Leben lang gelitten, hat sich geschämt, hat sich selbst Buße auferlegt. Ich habe ihr lange Jahre schwere Vorwürfe gemacht, aus der Perspektive des vermeintlich ungeliebten Kindes. Heute, wo ich selbst Mutter bin, weiß ich, was sie durchgemacht hat. Für meine Mutter habe ich dieses Buch geschrieben. Als Wiedergutmachung für jeden schlechten Gedanken, den ich je über sie hatte. Und natürlich, damit bei Ihnen alles besser läuft. Viel besser.

Rundum glücklich sollen Sie sein mit Ihren Kindern, wie ich, mit Hilfe meines etwas anderen Handbuchs für glückliche Mütter. Das sind jene, die den Mut haben, die ausgetretenen Wege mit all den Mami-Fallen zu verlassen.

# Schwangerschaft und Geburt

## Kinder kommen, wann *Sie* wollen

Die Babypause als Chance, die Job-Karten neu zu mischen

Wussten Sie, dass heute, im Zeitalter der Pille, nur etwa ein Drittel aller Schwangerschaften geplant ist? Das hat mich bei der Recherche für dieses Buch doch sehr erstaunt. Ich kann nachvollziehen, dass Teenager ungewollt schwanger werden. Aber auch in langjährigen Partnerschaften sind gestandene und aufgeklärte Frauen urplötzlich schwanger, obwohl sie zu dem Zeitpunkt der Zeugung ganz andere Dinge vorhatten. Es gibt ein großes – meist freudiges – Hallo, es beginnt ein heiteres Rätselraten, wie und wann das wohl »passiert« sein könne. Als sei die Jungfrau zum Kinde gekommen. Manchmal gibt es auch bittere Tränen, Entscheidungsschwierigkeiten. Soll ich das Kind kriegen?

Nun sagt ein, von diesen »Jungfrauen« viel zitiertes Sprichwort: Kinder kommen, wann sie wollen. Und damit spricht es die Frauen frei von jeder Absicht, sei sie noch so unbewusst. Das ist mir entschieden zu spirituell, denn eine Frau hatte es nie mehr in der Hand, nicht schwanger zu werden, als heute.

Ich zum Beispiel habe in meinem ganzen Leben als erwachsene Frau nur einmal ganz bewusst unverhüteten Verkehr gehabt. Das war, als ich unbedingt ein zweites Kind haben wollte. Wenn ich nicht schwanger werden will, gehe ich nachgerade hysterisch mit Verhütung um, damit ich nie in die Verlegenheit gerate, eine Abtreibung in Erwägung ziehen zu müssen.

Nur ein einziges Mal war ich fahrlässig und nachlässig. Als meine Tochter gezeugt wurde. Da habe ich mich auch erstaunt gefragt, wie es geschehen konnte, war völlig perplex. Ich konnte mir die geschlechtliche Welt nicht erklären, hätte schwören können, dass mein Partner und ich alles getan haben, um eine Schwangerschaft zu verhindern. Aber: Ich ging in Klausur, dachte nach, war ehrlich zu mir. Ich konnte mir mich selbst erklären. Ich wusste, dass in mir schon lange ein kaum noch zu bändigender Kinderwunsch keimte. Da hat mir mein Unterbewusstsein einfach einen Streich gespielt, für den ich ihm heute noch dankbar bin. Abgesehen davon war mein Unterbewusstsein noch mit einer anderen Geschichte schwer beschäftigt und wollte wohl zwei Fliegen mit einer Klappe erledigen: Ich war kreuzunglücklich an meinem Arbeitsplatz, hätte mir aber nie zugestanden, die Flinte ins Korn zu werfen. Das wäre auch gar nicht gegangen, denn wer hätte meine Miete bezahlt und den Rest? Ich lebte mit einem tollen Mann zusammen, der aber leider so gut wie nichts verdiente.

Geträumt habe ich jeden Tag davon: Mutter werden, zu Hause bleiben, sich dieser feindlichen Atmosphäre nicht mehr aussetzen müssen. Ich wollte gern mit einem dicken Bauch und einer Wärmflasche auf dem Sofa sitzen und brüten.

Insofern lächle ich über mich selbst, wenn ich den Spruch »Kinder kommen, wann sie wollen« mit liebevollem Spott analysiere. Was soll das sein? Eine List der Evolution? Er enthebt Frauen der Verantwortung, sich selbst damit zu konfrontieren, warum sie gerade *jetzt* ein Kind bekommen. Wenn die Schwangerschaft zum Beispiel in eine Zeit fällt, in der es nach objektiven Kriterien keine gute Idee ist: in der Probezeit im Job, während einer schwierigen Phase im Beruf, mitten im Examen, kurz nach dem Examen. Jedenfalls dann, wenn von einer Frau erwartet wird, dass sie draußen in der Welt funktioniert und ihren Mann steht.

Sie ahnen, worauf ich hinauswill: Aus vertraulichen Gesprächen weiß ich, dass sich viele Frauen in der hierarchischen Welt der Großbetriebe einfach unwohl fühlen. Die durchrationalisierte Berufswelt erscheint ihnen kalt und abweisend. Sie haben Angst, möchten »auf den Arm«. Jemand anders soll dieses fiese Geschäft des Broterwerbs erledigen. Ein Mann. So etwas wird natürlich noch nicht einmal hinter vorgehaltener Hand geflüstert. *Denn das zu akzeptieren bedeutete anzunehmen, dass das weibliche Geschlecht erstens anders und zweitens schwächer sei.* Daraus ließe sich logisch und ohne bösen Willen schließen, dass Frauen einen starken Mann als Ernährer brauchen, weil sie sich selbst nicht ernähren können. Daraus ließe sich weiter schließen, dass der Mann ausgebeutet wird von der Frau.

So hat es Esther Vilar vor Jahrzehnten in ihrem Buch »Der dressierte Mann« formuliert. Es gab ein Riesengeschrei von Seiten der Frauen, die Autorin musste Deutschland verlassen, so groß war die Aufregung. Ich nehme den Protest ernst und ziehe daraus einen weiteren Schluss, der für dieses Buch wichtig ist: Frauen sehen sich nicht als moderne Sklavenhalter, sind den Männern ebenbürtig, können sich sehr wohl behaupten in der Welt der Arbeit und wollen das auch.

Dann ist unser Standort klar, und es geht nur noch um Schwächen, die überwindbar sind. Ich weiß ja selbst am besten, dass es dieses Sehnen nach Stillstand und Rückzug in uns Frauen gibt und verdamme es nicht. Es spricht nichts dagegen, sich kurzfristig »austricksen« zu lassen, ein ungeplantes Kind voller Freude zu empfangen, da es sich nun schon so viel Mühe gemacht hat, seine eigene Zeugung in Gang zu setzen.

Aber: Wenn es Sie »trifft«, betrachten Sie sich selbst mit einem verständnisvollen Augenzwinkern. Und verschieben Sie die Fortsetzung Ihres alten Lebens nicht auf unbestimmte Zeit. Nehmen Sie Ihre beruflichen Pläne schnell wieder auf, so verlockend es auch erscheinen mag, einfach die Mutterseele baumeln zu lassen. Früher oder später drehen Sie sich einen Strick. Wenn Sie die nächsten Jahre in diesem Reservat »gemütliche Mama-Höhle« bleiben, haben Sie den Anschluss für immer verpasst. Oder, wenn Sie eine Ausbildung unterbrochen haben, kriegen Sie nie wieder eine. Dann ist der Zug abgefahren. Und ich wette, das macht Sie unzufrieden. Im Verhältnis zu Ihrer Lebenszeit gesehen, können Sie sich nur kurze Zeit darüber definieren, Mutter zu sein. Wer werden Sie sein, wenn die Kinder größer sind?

Ein Beispiel: Eine fähige Soziologin, die kurz nach der Magisterprüfung schwanger wurde und dann drei Jahre Hausfrau und Mutter war, erzählte mir, dass sie überlege, ob es nicht besser gewesen wäre, erst einige Jahre zu arbeiten und dann ein Kind zu bekommen – wie sie es auch immer geplant hatte. »Irgendwie« war sie dann schwanger geworden, hatte die Pille vergessen. »Ich bin anfällig dafür gewesen«, gibt sie zu. Schwiegermutter und Freundinnen hätten ihr vorgeschwärmt, wie schön und erfüllend das Leben als Mutter sei. Es gehe zwar auch an die Substanz, wenn ein Kind ständig etwas wolle – doch es sei ein großer Unterschied zu der Situation am Arbeitsplatz, wenn etwa der Chef einen schikaniere oder die Kollegen nerven.

Als sie wieder einsteigen wollte, hat der Mann im Arbeitsamt nur müde gelächelt. Nichts zu machen. »Kriegen Sie noch mehr Kinder«, schlug er vor. »Ich kann noch nicht einmal enttäuscht sein«, sagt die Soziologin. »Ich bin selbst schuld. Jetzt rutsche ich die nächsten Jahrzehnte in genau die Rolle, die ich nie wollte.« Glücklich wird sie das nicht machen. Dabei wäre beides gegangen: Verfolgung der beruflichen Ziele – plus Kind. Stattdessen über kurz oder lang: Frustration, Depression – typische Hausfrauenleiden. Diese Frau hat nichts Eigenes. Denn ein Kind – das ist nichts Eigenes, das hat einem der liebe Gott nur geliehen. »Ich gehöre mir selbst«, sagt meine Tochter streng. Da weiß ich, was ich zu tun habe, damit ich ihr nicht hinterherweine, wenn sie eines Tages auszieht.

Aus diesem tragischen Stoff speist sich der Sketch von Loriot, in dem Evelyn Hamann eine Frau spielt, die eine Jodelschule besucht und ihre ganze Energie ins Jodeln steckt – um endlich in einem außerhäuslichen Bereich zu reüssieren, um etwas »Eigenes« zu haben. Jodeln, töpfern, batiken: Das sind Hobbys, die sind nicht identitätsstiftend. Das bringt einen nur vor dem Fernseher zum Lachen. Im wahren Leben ist es todtraurig, wenn jemand jodeln muss, um sich selbst zu spüren. Ich bewerte Lohnarbeit nicht über, ich kenne diese Reden, dass doch nicht nur Lohnarbeit als Heil dargestellt werden könne in einer Gesellschaft, die nicht genügend Arbeitsplätze hat. Ja, ja. Das ist *ein* Aspekt. Meiner ist wichtiger. Lohnarbeit ist für das Lebensglück einer Frau unverzichtbar. Sich selbst versorgen können, der elementarste Baustein einer glücklichen weiblichen Existenz. Ich erkläre das noch sehr ausführlich.

Ich muss an dieser Stelle einschieben, dass bis jetzt nur von verlockenden – abwechslungsreichen und gut dotierten, akademischen Berufen die Rede war. Natürlich weiß ich, dass es Berufe gibt, mit denen eine Identifikation sicherlich schwerer fällt. Aber: das sprengt nicht meine These. Ich bin ja nicht mit Frauen groß geworden, die mit lackierten Fingernägeln in einer Redaktion oder einem schicken Büro gearbeitet haben. Die Frauen um mich herum mussten arbeiten, weil die Männer im Krieg waren oder das Gehalt des Mannes nicht reichte. Ich habe es nie so empfunden, dass die Frauen ihre Arbeit nicht gern gemacht haben. Meine Mutter hat geputzt, weil es ihre Lebensumstände so ergaben. Hausarbeit fand sie furchtbar – aber für Geld gut putzen begriff sie als soliden Handel! Ich habe auch geputzt, als ich nach dem Studium keine Stelle hatte. Ich habe alle möglichen Jobs gehabt, bis ich es geschafft habe, an der Seite meiner Kinder meinen Traumjob machen zu können.

Jede Frau, ob Soziologin oder Putzfrau, kann dem Impuls erliegen, sich einfach davonzuschleichen aus der Arbeitswelt, sie einzutauschen gegen vermeintlich Bequemeres. Die Männer spielen ja auch in den meisten Fällen mit, übernehmen die Versorgerrolle gern. Ich bin der Versuchung ebenfalls erlegen – auch in meinem Leben gab es einen Mann, der schließlich die »Kosten« für mich übernommen hat. Eine Zeit lang war es auch herrlich, das kleine Mädchen spielen zu können.

Ich bin nicht besser oder schlauer oder stärker als die Frauen, die ich hier wachrütteln möchte. Mir war allerdings klar, dass der Rückzug aus der Welt nur eine Weile gut gehen kann und dass er auf lange Sicht eine Sackgasse ist. Eine Seinsweise, die historisch gesehen nie gut gegangen ist, und die heute erst recht nicht gut geht.

Mein Vorteil: Ich habe das immer geahnt. Vielleicht ist dies auch ein Ergebnis meiner Biographie. Ich habe gelernt, mich nur auf mich selbst zu verlassen. Das ist nicht die schlechteste Lektion, die einem das Leben erteilen kann. Verlassen Sie sich auch als Mutter nur auf sich selbst. Das ist eine Quelle unerschöpflichen Glücks.

Deshalb habe ich mich vom ersten Tag der Schwangerschaft an damit befasst, wie es für mich beruflich weitergeht. Ich entschied mich für die Selbstständigkeit – und als meine Tochter drei Monate alt war, verdiente ich schon wieder meine ersten Mäuse. Ich bin sehr stolz darauf. Wenn Sie in bestimmten mütterlichen Kreisen so etwas erzählen, dürfen Sie übrigens damit rechnen, angegriffen zu werden, dass Sie als »Schuster« nicht bei Ihren Leisten bleiben. Darunter zu leiden haben die armen Kinderlein, wenn die hartherzige Mami mit Handy und PC agiert, während die Kinder vor sich hin fiebern. Ich sage Ihnen: Sie leiden nicht.

Wie sollen Sie es nun angehen lassen mit der Familienplanung? Wenn Sie die Sache strategisch angehen möchten, dann rate ich (und mit mir der Mann vom Arbeitsamt und sicher alle Personalchefs), erst einmal mindestens fünf Jahre im Anschluss an die Ausbildung zu arbeiten. Ein halbes Jahrzehnt. Dann dürften Sie sich etabliert haben und damit Aussicht auf die Rückkehr an Ihren Arbeitsplatz haben. Wenn Sie so vorgehen, Ihre berufliche Laufbahn und Ihre Familienplanung koordinieren, ist das eine gute Einzahlung auf die mütterliche Glücksbank.

Doch das Leben ist keine Bank und nicht alles berechenbar. Wenn Sie eher zu den Typen gehören, die nicht gern planen, jedoch nicht von einem Baby »überrascht« werden möchten, rate ich Ihnen zu schonungsloser Selbstüberprüfung. So dass Sie aufmerken, wenn Ihnen klar wird, dass die Pillenpackung am Ende eines besonders lustvollen Monats noch halb voll ist. Dann können Sie noch die Sicherheitsleine ziehen und wieder anständig verhüten. Um sich auf die Schliche zu kommen, stellen Sie sich diese Fragen:

Bin ich gerecht? Ist es fair Ihrem Partner gegenüber, jetzt schwanger zu werden? Könnte es sein, dass er Ihnen das nachträgt, wenn Sie ihm mit einer Schwangerschaft ins Haus fallen? Das stellt keine gute Basis für Ihre Familie dar. Gehen Sie mit Ihrer Macht als Frau verantwortungsbewusst um. Bedenken Sie: Kein Mann der Welt kann Sie mit einem Baby überraschen, so dass sich Ihr Leben von heute an total ändert. Stellen Sie sich vor, Männer würden die Kinder kriegen. Ihr Liebster, dem Sie das Studium finanziert haben, wird mitten im Examen schwanger, bricht ab und zieht sich zurück an den heimischen Herd. Dabei war es jahrelang geplant, dass Sie mit ihm nach dem Studium einige Jahre ins Ausland gehen. Wie würden Sie das finden?

Will ich kneifen? Noch einmal zur Gleichberechtigung: Der Begriff »Loser«, Verlierer, ist nicht für Männer reserviert. Er wird zwar ausschließlich für Männer verwendet, ich erlaube mir aber einfach, diesen einseitigen Sprachgebrauch zu korrigieren und zu erweitern. Wenn Sie sich davonstehlen aus einer unbefriedigenden beruflichen Situation, sind Sie auch ein Loser. Schauen Sie in den Spiegel und fragen Sie sich, ob Sie das sein wollen. Sie sind doch sonst sicher, wie fast alle Frauen, perfektionistisch. Ich finde, Glück ist auch eine Frage der Ehre. Wenn Sie fliehen wollen, dann anständig. Suchen Sie sich einen neuen Job, oder sprechen Sie mit Ihrem Partner, ob eine Babypause gerade jetzt passen würde.

Sie sollten streng mit sich ins Gericht gehen, was Ihre Mutterwünsche angeht. *Nur wer sich selbst kennt und zu einem aufrichtigen und verantwortungsvollen Menschen erziehen kann, vermag das an seine Kinder weiterzugeben.*

Wenn es für solche Fragen zu spät ist, weil schon ein kleines Herz in Ihnen klopft, dann kriegen Sie das Kind selbstverständlich. Darüber sollte es nie einen Zweifel geben, finde ich. Stellen Sie sich die Fragen aber trotzdem, am besten schriftlich. Als Test, um sich zu ergründen. So können Sie die Zeit vor und nach der Mutterschaft harmonisch aneinander binden.

Ich habe während meiner Schwangerschaft zum Beispiel mit einem Coach gearbeitet, um zu klären, warum ich im Job in eine unerträgliche Situation geraten war. Ich wollte sichergehen, dass sich das nicht noch einmal wiederholt und dass ich die Angst vor der Arbeit verliere. Nicht nur das ist geschehen – ich habe eine neue Form von Arbeit gefunden, die mich tief befriedigt. Wäre ich nicht ungeplant schwanger geworden, würde ich wahrscheinlich heute noch jede Nacht als lokale Klatschreporterin um die Häuser ziehen und versuchen, Prominenten Geheimnisse zu entlocken. Immer getrieben von dem Auftrag, nicht ohne eine heiße Story in die Redaktion zu kommen. Am nächsten Morgen würde ich übermüdet aufstehen, mich mit Bauchschmerzen in die Redaktion schleppen – Hilfe!

Ich habe damals gar keine Ahnung gehabt, welche Form der Arbeit zu mir passt, ich hatte keinen Mut, für eine Arbeit zu kämpfen, die mich nicht krank macht. Heute sitze ich hier am Schreibtisch, meine Tochter sitzt mir gegenüber und malt. Eben hat sie mir einen Brief geschrieben: »Liebe Mama. Du schaffst es das Buch fertik zu krigen. Deine Nele.« Was habe ich für ein Glück.

*Begreifen Sie die Babypause als Riesenchance, die beruflichen Karten neu zu mischen!* Ich kenne eine Lehrerin, die auf keinen Fall an die Schule zurückwollte. Sie fing an in einem Call-Center, stieg innerhalb von kurzer Zeit in die Personalentwicklung auf und ist nun ausgesprochen zufrieden mit ihren Aufgaben als Mutter und Personalentwicklerin.

Wenn Sie also »ungewollt« schwanger geworden sind, seien Sie sich darüber im Klaren, dass *Sie* die Sache eingefädelt haben, und verschonen Sie sich und Ihre Umwelt mit: »Huch, was ist das denn?« Freuen Sie sich, und ordnen Sie alles richtig ein. Damit meine ich: Ein Kind zu kriegen ist etwas ganz Selbstverständliches – wieder zu arbeiten ist ebenfalls etwas ganz Selbstverständliches. Wenn Sie in einem festen Job sind, lassen Sie ihn auf keinen Fall mit einer »Schauen wir mal«-Haltung auslaufen. Räumen Sie mit dem Vorurteil auf, dass man mit Müttern nicht langfristig rechnen kann. Präsentieren Sie Ihrem Chef einen Plan. Zum Beispiel: Nach dem ersten halben Jahr möchten Sie einige Stunden in der Woche in der Firma sein und nach einem Jahr 50 Prozent arbeiten. Seien Sie flexibel. Klären Sie, wie Ihre Rückkehr aussehen könnte, ob Sie Teilzeit arbeiten möchten oder von zu Hause aus. Wenn Ihr Chef keine Teilzeitarbeit will, versuchen Sie nicht, die Stelle einzuklagen. Die Gefahr ist groß, dass man Sie bei der nächstbesten Gelegenheit entlässt.

Kämpfen Sie für Ihren Arbeitsplatz mit der gleichen Innigkeit und Energie, mit der Sie ein Kind ersehnt haben! Je mehr Frauen das tun, desto mehr ewig gestrige Chefs müssen sich bemühen, für uns angemessene Stellen zu schaffen. Es geht um Ihr Glück: Denn Wickelkommode und Herd, beruhigend fern der fordernden Arbeitswelt – die so verlockende kuschelige Mama-Höhle entpuppt sich über kurz oder lang als einsames Gefängnis.

**Vorsicht, Falle!**

Lassen Sie es nicht zu, dass ein Baby den Rest Ihres Lebens aus den Angeln hebt. Für Ihr Lebensglück brauchen Sie den Rest Ihres Lebens noch. Auch ein nicht geplantes, aber unbewusst heiß ersehntes Kind wirft Ihre Lebensplanung keineswegs über den Haufen. Das ist ja das Tolle.

Sagen Sie immer mutig »Ja« zu einem Kind – und immer »Ja« zu sich selbst, zu Ihren Plänen.

Ergründen Sie Ihre Motive. Wenn Sie wissen, dass Ihnen ein Kind »gelegen« kommt, um der Berufswelt ade zu sagen, nutzen Sie Ihre Riesenchance, während der Babypause eine neue Perspektive zu entwickeln.

## Mut zum mütterlichen Alleingang!

Männer kommen und gehen, Kinder bleiben

Während Sie den Zeitpunkt für eine Schwangerschaft immerhin selbst bestimmen können, haben Sie beim Erzeuger keine freie Hand. Sie wissen nicht, wann er kommt. Vor allem wissen Sie nicht, ob er überhaupt kommt, und: ob er auch für jeden Tag Ihres weiteren Lebens der Richtige bleibt – der Vater Ihrer Kinder, Ihr Geliebter, Ihr Ernährer.

Vielleicht begegnet Ihnen der Traummann mitten in Ihren fruchtbarsten Jahren. Er schwängert Sie sogleich, haut aber während der kommenden neun Monate ab, weil ihm die Sache doch zu brenzlig geworden ist, die zu erwartende häusliche Idylle zu eng, zu spießig. Oder Sie bekommen von einem wirklich netten und zuverlässigen Traummann einen ganz Stall voller Kinder. Nach zehn Jahren fällt ihm allerdings ein, dass er die Lebensform Familie als Korsett empfindet und seine Geliebte besser zu ihm passt und reicht deshalb die Scheidung ein.

Wenn jemals Traummänner und Ehen nicht für immer waren, dann heute! Da zeichnen sich seit Jahrzehnten immer schärfer neue Lebensentwürfe ab: allein erziehend, Patchwork-Familie, homosexuelle Partnerschaften mit

Kind. Unsere Zeit erfindet die Form der Liebe neu – mit Chancen und Gefahren. Auf eine klassische Kleinfamilie darf man allenfalls hoffen.

Man muss nur eine Zeitung aufschlagen und liest täglich Hiobsbotschaften über den Verfall der Ehe. Jede dritte geht in die Brüche, in Großstädten sogar jede zweite. Meine Freundinnen und ich spielen manchmal das Scheidungsspiel »Ene mene muh, raus bist du«. Wir raten, welches Paar sich als nächstes trennt. Wir sind keine Zyniker, sondern realistisch. Nachdem wir alle um die zehn Jahre herum mit unseren Männern zusammen sind, kracht es jetzt an allen Ecken. Kopf einziehen hilft nicht, falls Sie denken, Sie werden die große Ausnahme sein. Ihr toller Mann und der Vater Ihrer Kinder bleibt es für alle Zeiten. Vielleicht geht der Kelch der Trennung an Ihnen vorbei – vielleicht auch nicht. Sie müssen das schon pragmatisch sehen.

Ich will nicht leugnen, dass es die große Liebe gibt und dass es zu den schönsten Erfahrungen im Leben zählt, von einem Mann, den man liebt, ein Kind zu erwarten. Möglicherweise sind Sie ein Glückspilz – und alles wird so, wie Sie es sich erträumen. Bedenken Sie aber, dass die erste Zeit mit einem Baby die Bindung nicht festigt, gerade wenn die Liebe besonders romantisch ist! Selbst wenn Sie sich bis zur Geburt glänzend mit Ihrem Geliebten verstanden haben, erlaubt das keine Prognose über Ihre Zukunft als Familie. Wichtiger für eine langfristig glückliche Beziehung sind die ersten Monate nach der Geburt. Was muss die Partnerschaft da alles aushalten: Der Mann steht nicht mehr im Mittelpunkt, teilt die Zärtlichkeit der Frau mit dem Kind, die Frau ist erschöpft. Ein Baby als Krönung einer großen Liebe – das kann ganz schwer danebengehen. Viele Beziehungen scheitern im ersten Babyjahr. Eine zuverlässige Aussage über eine große Liebe kann man erst machen, wenn das »Baby« aus der Pubertät ist – und Mann und Frau sich immer noch lieb haben.

*Ihr guter Wille* allein reicht jedenfalls nicht. Die meisten klugen und erfahrenen Frauen und Mütter haben diese mögliche Entwicklung vor Augen und erwarten einfach nicht alles Glück dieser Erde vom Partner. Der richtige Mann kann morgen der falsche sein. Urteilen Sie also selbst: Macht es Sinn, sich im Falle eines dringenden und wegen des Alters auch drängenden Kinderwunschs auf das Warten auf Mr. Right zu verlassen? Wenn er nächstes Jahr über alle Berge sein kann?

Hauptsache: Sie werden Mutter! Wenn Sie das wollen. Sehen Sie zu, dass Sie Ihre eigene wirtschaftliche Unabhängigkeit sichern – das ist eine hervorragende Voraussetzung für Ihr Glück mit Ihren Kindern.

Ich verstehe nicht, warum Frauen, die unbedingt Kinder wollen, auf »den Richtigen« warten. Und warten und warten. Eine Weile, ja, das halte ich für angemessen. Aber bis zu den Wechseljahren? Bis es zu spät ist? Das ist die schlimme Wartefalle für potentielle Mütter. Beim emsigen Basteln am Lebensentwurf steuern gerade kinderlose Akademikerinnen vor lauter Perfektionismus geradewegs auf die Menopause zu. Den Fehler können Sie nie mehr rückgängig machen. Und dann kommt der Supermann – und Sie sind längst hinweg über Ihre fruchtbare Zeit. Oder es kommt einer, der will keine Kinder. Oder es kommt einer, der kann keine kriegen. Nur Unwägbarkeiten!

Ein ungewöhnlicher Tipp für Frauen, denen biologisch die Zeit davonläuft: Schon am dritten Abend würde ich aus einem Mann herausquetschen, was er über Kinder denkt. In den meisten Ratgebern für Singles wird von dieser brutalen Offensive abgeraten, weil sie Männer abschreckt. Ich sehe das ganz pragmatisch: Die meisten Männer laufen dann sicher weg – die, die bleiben, sind ein Fingerzeig des Schicksals.

Es ist so traurig zu sehen, wie Frauen ihren Traum von Kindern aufgeben – »nur«, weil sie keinen Mann haben. Es gibt Frauen, die die besten Mütter wären und sich von Herzen Kinder wünschen – und mit 39 Jahren ein Kind abtreiben, weil es keinen Mr. Right dazu gibt – nur einen »Erzeuger«, der keine Lust auf eine Familie hat. Glauben Sie mir: Bis zum allerletzten Tag denkt man über diese verpasste Chance nach.

Wenn Sie mit 39 Jahren beruflich fest im Sattel sitzen, kriegen Sie das auch allein geregelt! Ohne zwingend ein Sozialfall zu werden. Ich will jetzt keine Frau drängen, um jeden Preis ein Kind allein großzuziehen. Ein Kind braucht seinen Vater. Nichts ist besser, als wenn es einen gibt. Doch wenn nicht, dann kann Kinderlosigkeit nicht die Alternative für eine Frau sein, die immer Kinder wollte. Dann ist der Richtige eben für kurze Zeit der, der Sie schwängert. Angesichts der Tatsache, dass der echte Mr. Right eben höchstwahrscheinlich nur eine temporäre Erscheinung ist, finde ich das völlig legitim.

Dies ist ein moralisches Buch. Ich kann mir Glück ohne Moral nicht denken. Ich fordere Sie also nicht auf, einen Mann reinzulegen, um dann Alimente zu kassieren. Das geht gar nicht. Entweder fragen Sie jemanden, ob er Sie schwängert, ohne Ansprüche zu stellen. Oder Sie machen es wie viele Amerikanerinnen: Sie empfangen von einem anonymen Spender ein Kind. Das sind Frauen, die gut verdienen, die auch liebend gern mit einem Mann eine Familie gegründet hätten, die aber keinen gefunden haben. In Deutschland ist das verboten, aber ich denke, es ist nur eine Frage der Zeit, dass dieses Procedere bei uns erlaubt wird.

Diese Amerikanerinnen nehmen einfach ihr Leben in die Hand, das imponiert mir. Das können Sie auch. Alles unter der Prämisse, dass Sie davon überzeugt sind: Kinder bedeuten ein großes Glück, auf das ich nicht verzichten mag. Dazu habe ich ein großartiges Zitat gefunden in dem Buch »Guten Morgen, du Müde« herausgegeben von Anna Opel. Da sagt eine Frau: »*Irgendwann im langen Mantel über die Straße zu gehen und beruflich alles erreicht, aber ohne Kinder gelebt zu haben, das war immer eine gruslige Vorstellung und hat für mich mit Leben wenig zu tun.*«

Ich will nicht verschweigen, wie schwierig es sein kann, ein Kind allein großzuziehen. Wenn die Perspektive ist, kinderlos zu bleiben, hätte ich diese Anstrengung aber auf jeden Fall auf mich genommen.

Was den Traum vom idealen Mann angeht: Irgendwann stehen Sie an einer Supermarktkasse, Ihr Kind an der Hand, vor Ihnen ein Traummann, der nichts gegen eine Partnerin mit Kind hat (die wenigsten Männer haben etwas dagegen, und das sind dann auch die doofen, die Sie nicht gebrauchen können). Er dreht sich um, schaut Sie an, Liebe auf den ersten Blick. Dann haben Sie alles, was

Sie immer wollten. Und wenn der Mann dann doch wieder der Falsche ist – dann bleibt für alle Zeit Ihr wunderbares Kind. Ihr Leben steht auf soliden Füßen: Kind, Beruf. Freunde. Keine Sinnfrage wird Sie erschüttern. Ist das nicht eine Perspektive? Derart gestählt verlieren Sie nie den Glauben, dass Mr. Right doch noch einmal vorbeischaut, weil Sie seiner gar nicht mehr so dringend bedürfen. Und: das ist die Zauberformel für das Glück mit Männern.

**Vorsicht, Falle!**
Erliegen Sie nicht dem Irrglauben, die klassische Kleinfamilie bedeute zwangsläufig das vollkommene Glück.

Halten Sie bei der Suche nach dem Traummann immer die Augen auf nach einem möglichen Vater. Diese beiden Figuren in Ihrem Leben müssen nicht in Personalunion auftauchen.

Wenn Sie den Richtigen treffen, halten Sie mit Ihrem Kinderwunsch nicht hinterm Berg.

Glauben Sie mir, das Glücksmotto ist: Lieber Single mit Kind, als Single ohne Kind. (Buchtipp: Astrid Herbold: M.o.M. – Mutter ohne Mann)

## Neun Monate auf Wolke sieben?

Über mögliche Nebenwirkungen der schönsten Zeit des Lebens

Die Schwangerschaft ist leider besonders anfällig für die abstrusesten Verklärungen und Verheißungen. Ein wahrer Mami-Fallen-Großangriff. Einen der irreführendsten Sätze über diesen Zustand, den ich je aus dem Mund einer Frau gehört habe, lautete: »Ach, ich beneide jede Schwangere glühend. Das ist einfach die schönste Zeit im Leben einer Frau.«

Die Frau, die das gesagt hat, ist nicht etwa lange Zeit ungewollt kinderlos gewesen, hat Jahre in Fruchtbarkeitskliniken verbracht und eine Schwangerschaft glühend ersehnt. Nein, sie hat zwei kerngesunde Mädchen und wartet darauf, dass ihr Bauch wieder dick wird. Sie wird »leicht« schwanger.

Wenn diese Frau ihre Schwangerschaften durchgehend so erfüllend erlebt, ist gegen diese Befindlichkeit im Prinzip nichts zu sagen – außer: »Glück gehabt, der Kandidat hat hundert Punkte«! Oder: »Sind Sie wirklich sicher, dass Sie sich nichts vormachen? Nicht ein einziges Mal gelitten unter dem Kugelbauch? Im Hochsommer, wenn das dünnste Kleid am verschwitzten Körper klebt? Nicht ein einziges Mal Angst gehabt vor der großen Veränderung, die auf Sie zukommt?«

Ich kann mit dieser plakativen Euphorie wenig anfangen, finde sie sogar höchst unsympathisch, weil sie andere Frauen verstört. Ich stelle mir vor, ich sitze beim Frauenarzt in der Praxis und bin schwanger, ich weiß nicht, wie mein Leben weitergeht, weil der Vater des Kindes verheiratet ist. Dazu leide ich unter heftigster Übelkeit, gehe trotzdem ins Büro, aus Sorge, den Job zu verlieren. Und dann marschiert eine energische Frau herein, beginnt ein Gespräch und lässt diesen Satz fallen wie eine Bombe. Da denke ich doch: Was bin ich nur für ein schlimmer Mensch, für eine schlechte Mutter, bereits ganz zu Anfang? Ich müsste doch froh sein, unter der Decke schweben. Warum ist bei mir alles anders? Quälende Gedanken. Sie sehen: Die Schwangerschafts-Erwartungsfalle ist tückisch.

Oder stellen Sie sich vor, Sie sind auf einer Party, im neunten Monat schwanger, haben sich gerade ächzend auf ein Sofa plumpsen lassen und die Schuhe abgestreift (wenn Sie das noch selbst können), damit Ihre dicken Füße abschwellen. Ihr Rücken schmerzt, Sie wollen nur noch nach Hause. Ihr Mann, schon unendlich genervt von Ihrem ewigen Gejammer, kriegt mit, dass eine andere Schwangere ihren Zustand preist und sagt: »Nun hör dir mal diese tapfere Frau an. Gebiert ihrem Mann ein Kind nach dem anderen und hat immer gute Laune. Warum geht das bei dir nicht? Liegt alles nur an der inneren Einstellung.«

Da ist es doch netter, eine Frau wie ich plumpst neben Sie. Auch schwanger. Noch dicker, schwer atmend, stöhnend. Dann jammert man ein wenig zusammen, macht sich Mut – und fühlt sich gleich besser. Mitmütterliche Solidarität!

Natürlich gibt es beneidenswerte Schwangere, die Nebenwirkungen nur am Rande und kaum erwähnenswert erleben – vor allem auf den Hochglanzfotos in den gängigen Elternzeitschriften oder in den Schwangerschaftsratgebern. Manchmal gibt es sie auch im wirklichen Leben, beispielweise Catherine Zeta-Jones bei der Oscar-Verleihung. Im achten Monat steht sie auf immer noch grazilen Beinen auf dem roten Teppich – im Empire-Chiffon-Hängerchen, das die sanfte Wölbung ihres Leibes kaschiert und ihre prächtigen Brüste betont. Und strahlt in die Kamera. Heidi Klum hatte ich schon erwähnt, sie ist die Vorzeige-Schwangere per se – so natürlich und nah und doch für jede normale Schwangere so fern. Nur eine Woche nach der Geburt hatte sie wieder den Bauch eines jungen Mädchens.

Nun ist das eben auch nicht wirklich das wirkliche Leben – Hollywood. Wer weiß, welche Tricks die Promis haben, um so auszusehen. Vielleicht gibt es sündhaft teure Spezialmassagen, die nur Eingeweihte kennen und nur Millionäre bezahlen können, die das angestaute Wasser aus den Beinen treiben. Kaum eine Frau zwischen Paderborn und Potsdam fühlt sich vom ersten bis zum letzten Tag der Schwangerschaft wunderbar. Es ist alles eher manchmal erschreckend »un-Heidi-Klum-mäßig«, wie meine Freundin Birgitta sagen würde.

Selbstverständlich gibt es in jeder Schwangerschaft spektakuläre Highlights, auf die Sie sich freuen dürfen. Wenn Sie Ihr Kind zum ersten Mal sehen bei der Ultraschalluntersuchung. Der Gedanke, dass ein winziges Wesen in einem wächst, ist einfach unfassbar. *Es zu sehen,* hat mir jedes Mal die Tränen in die Augen getrieben. Wenn Sie Ihr Kind zum ersten Mal in sich fühlen – unbeschreiblich. Wochenlang sehnlichst erwartet – dann wie das Flattern eines Schmetterlingsflügels, wie eine innere Umarmung, ein zartes »Hallo, das bin ich«. Ein Gefühl, das man festhalten möchte für alle Zeiten.

Zwischen diesen Polen höchster Seligkeit liegt Normalität. Gerade wenn Sie im Job eingespannt sind, denken Sie manchmal gar nicht an Ihre Schwangerschaft. Und es gibt auch: dunkle Stunden, dunkle Tage, manchmal sogar dunkle Wochen. In der Schwangerschaft können Abgründe aufbrechen, die einem den Boden unter den Füßen wegreißen.

Ich zum Beispiel habe angefangen, mich intensiv mit meiner Kindheit zu befassen. Dabei sind viele Wunden aufgebrochen. Das hat mich richtig aus der Bahn geworfen, ich habe Informationen über dieses Thema gesucht, vergeblich. Viel später habe ich erfahren, dass diese manchmal so schmerzliche Rückbesinnung ein »Trick« der Natur ist. Die Frau erlebt eine Regression, um endgültig erwachsen zu werden, um sich aus dieser unabhängigen Position heraus schützend vor ihr Kind stellen zu können. Darin liegt eine große Chance, sich um der eigenen Kinder willen mit der Vergangenheit auszusöhnen. Meistens beschäftigen sich die Schwangeren mit ihrer eigenen Mutter und der Frage, ob man sich zu viel oder zu wenig geliebt gefühlt hat. Alles wird wieder lebendig. Es gibt kein Patentrezept, wie Sie damit fertig werden können. Sie müssen diese Entwicklung einfach akzeptieren. Hinschauen, hinterfragen. Zulassen. Loslassen.

Der werdenden Mutter, die wieder lernt, wie ein Kind zu fühlen, fällt es auch leichter, die Bedürfnisse ihres Babys nachzuempfinden, das im ersten Jahr noch nicht verbal ausdrücken kann, was ihm fehlt, was es braucht. Kein Wunder also, dass viele Schwangere wie ein rohes Ei behandelt werden müssen, weil sie wie ein sentimentales kleines Mädchen schon beim Anblick eines Tierfilms in Tränen ausbrechen. Wenn es je im Leben einer Frau, mag sie auch noch so stark sein, eine Phase gibt, in der sie mit Recht klein sein darf, auf den Arm will, dann in diesen neun Monaten. Und während des Wochenbetts.

Wenn Sie spüren, dass Sie das alles nicht mehr verkraften können, weil ein zu großer Schmerz Sie übermannt, kann auch professionelle psychologische Hilfe notwendig sein. Es gibt nicht nur eine »Wochenbettdepression« – es kann auch während der Schwangerschaft zu einer behandlungsbedürftigen Depression kommen! Dann ist die Schwangerschaft vielleicht die furchtbarste Zeit im Leben. Scheuen Sie sich nicht, zum Arzt zu gehen, weil Sie glauben, eine Schwangere mit depressiven Verstimmungen sei ein undankbares Geschöpf, das den Segen der Mutterschaft nicht zu würdigen weiß. Da gibt es sicher naseweise Besserwisser, die Sie noch zusätzlich damit belasten, dass Ihr Kind die negative Stimmung mitbekommt. Ja und? Es kann trotzdem ein prächtiges Wesen werden. Ich will damit nicht sagen, dass es sich schon im Mutterleib mit Leid arrangieren muss. Beschützen Sie Ihr Kind und sich selbst, indem Sie offen mit Ihren Nöten umgehen.

Ich bin sicher, das Kind fühlt, dass es geliebt wird. Nur darum geht es. Und wenn es an besonders schwarzen Tagen in Ihrem Schwangeren-Leben nicht so lieb gehabt wird, ist das auch in Ordnung. Manchmal ist das Leben eben traurig, die Welt schlecht. Das ist genau die Welt, in die Ihr Kind geboren wird! Immer noch die beste aller möglichen Welten.

Auch im Job kann man in eine handfeste Krise stürzen – mit verheerenden Konsequenzen für die gesamte berufliche Zukunft. Vielleicht sind der Chef oder die Kollegen sauer über die Schwangerschaft, versuchen, Sie zu mobben. Es gibt einen jüdischen Spruch, wonach es ein großes Vergehen ist, mit einer Schwangeren zu streiten. Darauf nimmt im Berufsleben keiner Rücksicht. Ich war während meiner Schwangerschaft so kreuzunglücklich an meinem Arbeitsplatz, dass ich jeden Morgen heulend zur Arbeit fuhr und mich vormittags wie ein verschrecktes Tier auf der Toilette versteckte, um meinem Chef nicht unter die Augen treten zu müssen, der mit mir unerbittlich und ungerecht ins Gericht ging. Ich war fertig mit den Nerven, hatte oft Schmerzen im Unterleib. Als ich das meinem Arzt erzählte, hat er mich über das so genannte befristete Beschäftigungsverbot informiert. Vielen Ärzten ist dieses Verbot gar nicht bekannt oder sie scheuen sich, aus Arbeitgeber-Freundlichkeit, es einzusetzen. Dabei kann es Leben retten, wenn durch außergewöhnliche seelische und körperliche Belastungen am Arbeitsplatz Schaden für Mutter und Kind drohen. Ich wurde für die gesamte Zeit der Schwangerschaft krankgeschrieben, habe trotzdem mein Gehalt bekommen, was ich auch dringend brauchte, weil der Vater meines Kindes noch in der Ausbildung steckte. Dieses Beschäftigungsverbot ist eine gute Sache! Sie müssen sich dann möglicherweise eine neue Stelle suchen, weil Ihr Chef Ihnen nicht verzeiht und es keine Rückkehr an den Ort des Grauens gibt. Wenn es um Ihr Wohl und das des Babys geht, müssen Sie diese Konsequenz in Kauf nehmen. Und es muss nicht bedeuten, dass Sie nie wieder eine Arbeit finden.

Solch eine Situation ist auch eine echte Ausnahme. Ich rate Ihnen trotzdem, im Beruf alle Rechte in Anspruch zu nehmen! Halten Sie die Augen offen, falls man Sie absägen will. Das gilt vor allem, wenn Ihnen gekündigt werden soll. Akzeptieren Sie keinen noch so vielversprechenden Auflösungsvertrag, keine Kündigung und kündigen Sie auch nicht selbst. Machen Sie sich schlau: In jedem Betrieb, der mehr als drei Frauen beschäftigt, muss das Mutterschutzgesetz einzusehen sein. Auch der Betriebsrat steht Ihnen zur Seite.

Therapeut, Krankschreibung, Betriebsrat, so pathologisch und dramatisch muss es nicht werden in Ihrer Schwangerschaft. Für die »normalen« widerstreitenden Gefühle reicht normaler menschlicher Beistand. Der ist allerdings nicht infach zu kriegen in einer Gesellschaft, die Schwangerschaft und Mutterschaft mit Mythen überfrachtet, wie etwa dem Zwang zur Dauerseligkeit. Völlig widernatürlich, wenn man weiß, dass Schwangerschaft und Geburt zu den größten körperlichen, seelischen und sozialen Umwälzungen im Leben gehören. Die hormonelle Umstellung, die eine Frau in der Schwangerschaft durchmacht, ist enorm, vergleichbar mit der Pubertät oder den Wechseljahren!

Wenn eine Schwangere stets himmelhoch jauchzend sein könnte, wäre das so, als wenn ein von Hormonen geschüttelter Teenager so milde und weise durchs Leben wandelt, wie der Dalai Lama.

Experten, die nur beschreiben, wie beglückend die Schwangerschaft verläuft, unterschlagen wesentliche Aspekte und lassen fahrlässig all die vielen Frauen allein, die mit ganz normalen Ängsten und Zweifeln kämpfen. Um nur einige zu nennen: Ist das Kind gesund? Werde ich eine gute Mutter? Bleibe ich attraktiv für meinen Mann? Nicht jede Frau kann sich darüber freuen, mit jedem Monat mehr wie ein Michelin-Männchen auszusehen.

Und auch nicht jedem werdenden Vater erschließt sich die spezifische Ästhetik und Erotik einer Schwangeren. Zumal es einem nicht nur die Pfunde schwer machen, im Bett eine gute Rolle zu spielen. Manche Frauen haben viel Lust während der Schwangerschaft – andere gar nicht.

Was das Äußere angeht, schnappt die Mami-Falle in diesen neun Monaten schwer zu. Nicht, weil der Bauch dick wird. Es fehlt an Dessous, um ihn zu kleiden. Es fehlt auch an Alltagsbekleidung. Eine deutsche Mutti darf kein Sexsymbol sein. So genannte Umstandsmode ist offensichtlich nicht für Frauen als geschlechtliche Wesen gedacht, sondern für asexuelle Wesen mit Bauch. Allein Latzhosen! Wie Karlsson vom Dach sieht eine erwachsene Frau damit aus. Höchstens noch niedlich, doch mit Mitte 30 will man als gestandene Frau keinem Kindchenschema entsprechen, nur weil man ein Kind erwartet. Probieren Sie lieber die übergroße Jeans Ihres Mannes, tragen Sie diese mit Hosenträgern. Gehen Sie mit Phantasie an Ihr Outfit. Ziehen Sie Ihre stretchigen Oberteile so lange an wie möglich. Alles, was dehnbar ist, ist besser als das, was wie ein Sack über Ihren Formen hängt. Gehen Sie mit den Schlafanzügen Ihres Mannes zur Entbindung, sie sind genauso aufknöpfbar wie diese Stillkittel, die man Ihnen als Nachthemden verkaufen will.

Ansonsten bleibt Ihnen nur, mit Geduld und Humor darauf zu warten, dass Sie irgendwann wieder in Ihre normalen Sachen passen, falls Sie es nicht den meisten Müttern nachmachen, für die die Schwangerschaft der erste Abstieg ist in ein ästhetisches Niemandsland mit praktischem Kurzhaarschnitt und Gesundheitssandalen.

Ich wollte während der Schwangerschaft bis zum Schluss alles geben, habe versucht, mich an Idolen wie Catherine Zeta-Jones oder Madonna zu orientieren. Deren Alltags-Outfit: eine Jeans, die auf den Hüften sitzt, darüber ein knappes Shirt, das den Bauch frei lässt. In so einem Look bin ich in die Redaktion gegangen, weil ich zeigen wollte, was eine Harke ist. Siebter Monat – und wirklich cool. Leider war der Bauch schon so dick, dass die Hose über den Po rutschte und ich in Unterhose vor meinem Chef stand, als ich mich vom Stuhl erhob. Ich musste sehr lachen, wenn es auch in gewisser Weise entwürdigend war.

Das kommt leider nicht selten vor, dass Schwangerschaft einen in gewisser Weise entwürdigt.

Ich werde nie vergessen, wie eine Frau mir riet, ich möge nachts Windeln anlegen. Ich hatte massiv darüber geklagt, dass ich während meiner zweiten Schwangerschaft nachts etwa sechs Mal auf die Toilette musste. Wohlgemerkt: auf die Toilette. Meine Fähigkeit, meine Blase zu kontrollieren, war in keiner Weise eingeschränkt. Das Baby drückte auf die Blase, auch so eine fiese Nebenwirkung der Schwangerschaft, aber ich habe es immer auf die Toilette geschafft. Das ist nur anstrengend, weil man durch die nächtliche Rennerei schon vor der Geburt keinen Schlaf mehr bekommt. Doch was für ein »gut gemeinter« Rat: Ich solle eine Windel anlegen. Als sei ich ein Baby oder eine alte Frau. Ich hätte nie mehr in den Spiegel schauen können. So denken Mütter über Mütter: praktisch, quadratisch, gut.

Merke: Die größte Herausforderung an eine Schwangere ist es, die Alte zu bleiben und gleichzeitig eine Neue zu werden. Die Schwangerschaft ist keine Krankheit – aber eine Ausnahmezeit im Leben. Wer den Spagat schafft, sich spezifische Verletzlichkeiten und Zickigkeiten zuzugestehen, von seinen Mitmenschen mit Recht Verständnis dafür einfordert, trotzdem über sich lachen kann und sein Selbst pfleglichst bewahrt, der ist in der Zeit der Schwangerschaft auf seiner ganz persönlichen Straße des Glücks.

**Vorsicht, Falle!**

Selbst wenn Sie immer davon geträumt haben, schwanger zu sein, rechnen Sie zumindest damit, dass diese Zeit nicht zwingend die reine Seligkeit ist. Seelische und körperliche Nebenwirkungen betreffen nicht nur »andere«. So schützen Sie sich vor herben Enttäuschungen, die schlimmer für Sie und das Kind sind, als so mancher ehrlich durchlittene schwarze Tag.

Wenn Sie sich selbst nicht leiden können und vielleicht auch manchmal das Baby nicht und die ganze Welt, nehmen Sie sich in jedem Monat Ihrer Schwangerschaft an. Diese Zeit ist wie der Rest des Lebens, und der ist auch nicht durchgehend rosig.

## Äpfel schütteln und Namen tanzen

### Wie Schwangerschaftskurse die Härten der Geburt weichspülen

Haben Sie schon einmal Ihren Namen getanzt? Eher nicht, schätze ich. Warum auch, Sie sind des Schreibens und Sprechens und Lesens mächtig, können jederzeit zumindest jedem deutschsprachigen Gegenüber sagen, wie Sie heißen. Sie sind ein zivilisierter Mensch, der das Mittel der Sprache benutzt. Ich auch.

Das wäre mir fast zum Verhängnis geworden. Wenn Sie schwanger sind, ist der Logos, die verbale Kompetenz, nicht gefragt, die Bauchmitte zählt. Ihr inneres Zentrum. Meine schwächste Stelle. Um die zu vitalisieren, muss man neue Wege gehen. Etwa, um sich den anderen Teilnehmerinnen in einem Geburtsvorbereitungskurs vorzustellen. Ein probates Mittel ist: Tanze deinen Namen.

Ich habe es versucht. Meine Glieder verrenkt für das »B«, zwei Mal ein Oval im Raum abgeschritten, dann durchgehüpft. Das »I« ging, das »R« wiederum ist kompliziert. Es dauert lange, bis so ein Name getanzt ist. Danach ist man im besten Fall locker, entspannt, befreit von allen Konventionen und Zwängen, bereit für den Geburtsvorbereitungskurs. Es gibt auch andere Initiationsriten, doch die sind fast im Bereich des Esoterischen anzusiedeln.

Nachdem sich jeder Teilnehmer auf diese unkonventionelle Weise vorgestellt und die Hosen runtergelassen hat, sind natürlich alle Freunde, notgedrungen. Mit denen hat man für immer eine Leiche im Keller. Wenn Sie eines Tages in einem Bewerbungsgespräch sitzen und Ihr Gegenüber war mit Ihnen im Vorbereitungskurs und hat seinen Namen getanzt, dann kriegen Sie den Job.

Alles ist anders im Geburtsvorbereitungskurs. Alles ist sanfter, leiser, freundlicher als draußen in der Welt. Sie haben Pech, wenn Sie nicht sanft, leise und freundlich sein können. Dabei ist Entbinden doch etwas Handfestes, etwas Gewaltiges, etwas Natürliches!

Natur wird leider oft missbraucht zu den unmöglichsten Zwecken in der Esoterik. Da wollen dann graugesichtige Mitteleuropäer ihre Zivilisationskrankheiten mit schamanischen Ritualen heilen. Die meisten Menschen verstehen gar nicht, was »Natur« ist: ein philosophischer Terminus, der in jeder Epoche der Geschichte eine andere Bestimmung hat. »Die Natur« gibt es nicht. In der »Odyssee« von Homer ist Natur etwas völlig anderes als bei Rousseau oder Joschka Fischer. Wir können uns, was die Geburt angeht, darauf einigen, dass das Natürliche an der Geburt ist, dass sie so, wie sie geschieht, immer schon geschehen ist.

Der Gewalt des Naturereignisses Geburt begegnet man jedenfalls nicht mit einem Mischmasch aus den Naturauffassungen verschiedener Kulturen, mit denen die Esoterik-Anhänger arbeiten. Hier ein bisschen Yogi-Tee, da ein Buddha, Weihrauch und Reiki, dazu ein Paar Tropfen Bachblüten. Und schon tanzt man sein ganzes Leben –

und auch die Geburt ist ein herrlicher Tanz. Ein Veitstanz, würde ich sagen.

Irgendjemand hat da irgendwann etwas grundlegend falsch verstanden. Denn diese Ablehnung alles Schulmedizinischen, dieses Hochhalten des Weiblich-Natürlichen, diese düsteren Warnungen auch vor skrupellosen Gynäkologen, die einen mit Schmerzmitteln voll pumpen wollen, so dass man den »Höhepunkt im Leben einer Frau« – die Geburt – verpasst, ist ein Konstrukt einer spezifischen Art von Feminismus: Gebärmutter-Feminismus. Frau sein heißt: natürlich sein. Auch hier kommt es zu elementaren Begriffsverwischungen. Die Natur ist in jeder historischen Epoche etwas anderes gewesen – und die »weibliche Natur« selbstverständlich auch.

Wenn man gewisse Dinge über Schwangerschaft und Geburt lernen will, ist ein Kurs nicht zu umgehen. Ich finde, ein Kurs gehört auch dazu. Jedenfalls in der ersten Schwangerschaft, allein um sich innerlich vorzubereiten. Obwohl ich einige Frauen kenne, die mühelos natürlich entbunden haben – und nie in einem Kurs waren. Naturtalente! Die Atemtechnik jedenfalls ist für eine natürliche Geburt sehr nützlich – und die lernen Sie nur in einem professionell geleiteten Kurs. Es bleibt einem also nichts anderes übrig, als sich kurzfristig mit dieser erstaunlichen Gedankenwelt zu arrangieren. Sie finden diese eher in Geburtshäusern oder bei freischaffenden Hebammen. In den Krankenhäusern geht es pragmatischer zu. Das Hebammenhandwerk ist ein alter, überaus solider und anspruchsvoller Beruf. Ich rate zu einem Wochenendkurs in dem Krankenhaus, wo Sie entbinden wollen.

Im wirklichen Leben sind die meisten Hebammen sehr handfest. Warum gebärden sie sich dann oft so spirituell? Sie fügen sich einem Trend, nehme ich an. Ich frage mich, wer ihn gesetzt hat und warum dem werdenden Leben so esoterisch begegnet werden muss. Statt der üblichen sphärischen Musik im Kurs könnte man Madonna oder Mozart hören, statt Räucherstäbchen eine erfrischende Duftkerze von Aqua di Parma anzünden, statt Tee stilles Wasser oder alkoholfreies Bier anbieten. Und ganz zum Schluss Champagner. Ein einziges Glas Champagner. Sekt geht natürlich auch. Ich würde sagen: Das geht. Viele würden mich steinigen für diese Aussage. Auf jeden Fall würde es mit oder ohne Alkohol in diesen Kursen auch anders zugehen können. Lustiger. Wirklich natürlich, nicht gekünstelt natürlich.

Der geheime Grund für diese sonderbare Atmosphäre in den Kursen ist vielleicht auch, dass man nur in diesem Ambiente »Äpfel schütteln« kann. Darunter können Sie sich nichts vorstellen? Als schwangere Frau brauchen Sie mehr Phantasie. Sie haben doch sicher schon in Frauenmagazinen gelesen, dass die weiblichen Gesäßformen nach Obst-Sorten eingeteilt werden. Es gibt Apfel-Po, Birnen-Po. Egal ob Sie nun einen Apfelhintern haben oder nicht, stellen Sie sich vor, dass sich Ihre Pohälften wie zwei Äpfel in die Hände Ihres Liebsten schmiegen. Und dann rüttelt und schüttelt er daran, dass es nur so kracht. Und es kracht wirklich. Die eine oder andere Frau muss dabei heftig pupsen. Ein beeindruckendes Bild: Zehn Männer schütteln die Popos ihrer Frauen, und alle pupsen.

Ob man sich dieses Bild vor Augen ruft, wenn man das

nächste Mal Sex hat? Wozu das Ganze, fragen Sie sich jetzt fassungslos. Diese Übung ist ein anerkanntes Mittel, um den Wehenschmerz, sagen wir mal: wegzuschütteln. Während der Schwangerschaft hört es sich erfreulich und beruhigend an, dass Schmerzen einfach wegzuschütteln sind. Das klingt nach Zauberei. Aber das können Sie auch: Wer mit Hilfe dieser Technik die Wehen entspannt wie einen guten Freund begrüßt, dem tun sie nicht so weh. Wehen sind konstruktive Schmerzen – lernen Sie im Kurs. Keine Ahnung, wie sich ein konstruktiver Schmerz von einem destruktiven unterscheidet. Ich weiß nur, dass auf der Skala aller möglichen Schmerzen, die ein Mensch ertragen kann, der Geburtsschmerz einer der schlimmsten ist. Ob es die Wehe schert, wenn Sie »Hallo« sagen, wage ich zu bezweifeln. Ich habe das »Hallo« laut geschrien, die Wehe hat mich nicht gehört. Was lernen Sie noch? Die Scheide und das Drumherum kann auch auf die Geburt vorbereitet werden. Der Mann ist aufgefordert, dort Hand anzulegen und den Damm zu massieren, damit er geschmeidig bleibt und nicht reißt. Es taucht die Frage auf, wie das am unauffälligsten geschehen kann. »Einfach ins Liebesspiel einbeziehen«, heißt es. Nun ja.

Ansonsten werden Sie im Kurs über die verschiedenen Möglichkeiten aufgeklärt, an welchen Orten Sie niederkommen können: auf einem Bett, in der Badewanne, im Hocken, im Stehen, an einer Sprossenwand, zu Hause auf dem Sofa. Das klingt nach einem großen Spaß. Keine Rede davon, dass die meisten Frauen wie ein Käfer auf dem Rücken liegen und nur noch verzweifelt sind.

Es wird auch über die Möglichkeit der Periduralanästhesie gesprochen, das ist eine Rückenmarkspritze, die den Unterleib betäubt. Eine gute Erfindung, die der Vorstellung von einer weitgehend schmerzfreien Geburt schon sehr nahe kommt. Doch ich kann mir nicht helfen: Meist wird einem mehr oder weniger subtil der Eindruck vermittelt, man sei ein ganz toller Hecht als Frau, wenn man es »ohne schafft«. Das in vielen Geburtsvorbereitungskursen durchgängig vermittelte Ideal ist die hohe Leidensbereitschaft der Frau. Das Durchhalten einer schweren Geburt gilt vielen als erstes Indiz dafür, eine gute Mutter zu sein. Der Erwartungsdruck hat Erfolg: Nur jede fünfte Frau in Deutschland entscheidet sich für schmerzlindernde Maßnahmen. Dazu kommen wir gleich im nächsten Kapitel.

Wichtig finde ich die Arbeit einer Hebamme »unter« (so heißt das fachmännisch) der Geburt. Eine patente Hebamme kann einer Frau durch Trost und Wissen wirklich helfen, ihr Kind auf die Welt zu bringen: sie ermuntern, wenn sie schlapp macht, ihr noch einmal die Atemtechnik vor Augen führen, wenn sie nur noch mit den Zähnen klappert. Und nach der Geburt sind Hebammen unersetzbar. Wenn sie zur Nachsorge ins Haus kommen und beim Stillen helfen, das Baby wiegen, der Mutter den Bauch mit Öl massieren. Nur: Die ideologische Verbrämung der Geburt passt mir überhaupt nicht. Ich würde Frauen gern davor schützen, dass sie denken, dass sie alles in den Griff bekommen können, wenn sie wollen. Die Geburt ist in der Tat ein natürliches Ereignis, aber dabei werden Gewalten freigesetzt, die sich keine Frau vorstellen kann, die es noch nicht erlebt hat. Das sollten Sie wissen. Ich sage es Ihnen. Mir scheint, die meisten Profis der Geburtsvorbereitung arbeiten ähnlich wie diese Gurus, die einem beibringen wollen, übers Feuer zu laufen. Dabei liegt die Beweisnot nicht bei den »Lehrern«, sondern bei den Schülern. Wenn die sich die Füße verkohlen, haben sie sich eben nicht genügend konzentriert. Wenn Sie die Geburt als Alptraum empfinden, dann haben Sie sich zu wenig entspannt …

Ich finde, es ist nur fair und frauenfreundlich, dass man für sein Geld nicht mit Ablenkungsmanövern hingehalten wird. Ich kenne so viele Frauen, die nach der Niederkunft völlig verstört waren und fassungslos. So fertig und traumatisiert, dass sie sich nicht richtig freuen konnten über ihr Baby, weil die Erschöpfung zunächst keine Muttergefühle zuließ. Ich kenne Frauen, die noch Jahre später vor einer zweiten Schwangerschaft zurückschrecken, weil sie die erste Geburt nicht verarbeitet haben.

Ich habe es so weit nicht kommen lassen. Ich habe mich beim ersten Mal nach wenigen Stunden des Leidens, beim zweiten Mal gleich für einen Kaiserschnitt entschieden. Die Wehen waren einfach nicht mein Freund. Äpfel schütteln habe ich meinem Mann nicht erlaubt, weil ich ihm sonst später nicht mehr in die Augen hätte schauen können beim Sex, ohne eine Lachkrampf zu bekommen. Gut, aber Asche auf mein Mutterhaupt. Ich bin auch nicht natürlich. Schließlich kann ich noch nicht einmal meinen Namen tanzen.

**Vorsicht, Falle!**

Sehen Sie einen Geburtsvorbereitungskurs als das, was er sein soll und kann: Eine im besten Fall kenntnisreiche Unterweisung in all den Techniken, die Ihnen helfen können, die Geburt zu überstehen. Was Sie nicht brauchen, ist eine neue Erlebniswelt mit viel Tamtam.

Machen Sie sich nichts vor: Eine Geburt tut wirklich sehr weh. Wenn Ihnen das jemand sagt, dann allenfalls andere Frauen, deren Geschichten sind aber oft zu schaurig und auch keine Hilfe.

Machen Sie sich am besten selbst ein Bild, sprechen Sie mit Ihrem Arzt, trauen Sie sich alle Fragen zu stellen, die Ihnen auf dem Herzen liegen. Nichts muss Ihnen peinlich sein.

## Muss Papa unbedingt mit rein?

Über die Folgen größtmöglicher Nähe bei der Geburt

Neun von zehn Männern sind heute bei der Geburt dabei und erleben mit, was jahrtausendelang als reine Frauensache galt. Sie zählen die Minuten in den Wehenpausen, halten Händchen, massieren die Schultern, durchtrennen mit Tränen in den Augen die Nabelschnur.

Ausgerechnet der Papst der sanften Geburt, der Franzose Michel Odent, dessen Wort in Sachen Geburtshilfe unantastbar ist, behauptet jetzt, dass Väter im Kreißsaal doch häufig ein Hindernis sind, mehr Störenfried als Stütze. Weil sie den Frauen die Schmerzen erleichtern wollen, ständig nach ihrem Befinden fragen, stören sie beim Loslassen. Bei einer Befragung in England antworteten 41 Prozent der Mütter, sie hätten im Nachhinein lieber auf den Mann verzichtet, weil er genervt hat. Odent erklärt das so: Ohne Mann verliert die Frau schneller die Kontrolle, und das ist gut so. Mit den Männern bleibt auch der Intellekt vor der Tür. Sie stimulieren durch ihr Gequatsche die linke Seite des Gehirns, wo das Sprachzentrum sitzt. Und das muss während der Geburt auf Sparflamme laufen, sonst flutscht es nicht. Sie wissen: der Logos ist der Feind der Gebärmutter, deshalb tanzen wir ja unseren Namen.

Ich halte das für Unsinn. Das mit dem Tanzen – und dass der Vater die Frau abhält vom entspannten Niederkommen. Schließlich ist eine Geburt so oder so nicht sonderlich entspannt. Was den Logos angeht: Meiner ist immer auf Trab. Und ich bin sicher nicht die einzige Frau, die schlecht abschalten kann.

Dennoch bin ich entschieden dafür, zumindest schwer in Frage zu stellen, ob der Vater mit dabei sein soll. Nicht wegen des Gehirns, sondern wegen des Unterleibs. Der hat ja schließlich noch eine andere Funktion, als zu empfangen und zu entbinden. Eine Geburt kann die Beziehung des Mannes zu seinem Kind oder seiner Frau stärken, aber ebenso die erotische Leidenschaft für die Frau bedenklich schwächen. Die Geburt ist eine Grenzerfahrung, auch für die Partnerschaft. Das ersehnte Glückserlebnis größtmöglicher Nähe kann nach hinten losgehen und in größtmöglicher Distanz enden.

Es hat nichts mit Liebe zu tun, dass der Mann zusieht, wie sich die Frau quält. Ich behaupte, dass so mancher Mann das nicht gern tut. Gerade, wenn ein Mann seiner Partnerin besonders verbunden ist, bricht es ihm das Herz, dass er nicht wirklich helfen kann. Mir hat ein Vater erzählt, dass er Rotz und Wasser geheult hätte nach der Geburt seiner Tochter, so erschüttert war er von dem, was eine natürliche Geburt bedeuten kann. Immer wieder habe er versucht, die Frau nur am Arm zu berühren, um zu zeigen: Ich bin da. Sie konnte seine Berührungen nicht ertragen. Hat sich geschunden, hat nach einer Periduralanästhesie verlangt. Sie wurde wieder und wieder vertröstet. Am Ende musste doch ein Kaiserschnitt erfolgen, die Herztöne des Kindes wurden schlecht. Diesen Mann können Sie mit einem Geburtsvorbereitungskurs und einer natürlichen Geburt jagen. Dabei sein wird er das nächste Mal – bei einem Kaiserschnitt.

Wenn eine Frau natürlich entbinden will, hat ein Mann keine wirkliche Chance nein zu sagen, weil er dann als gefühlloser Barbar gilt. Das ist heute schon ein Anlass zur Trennung. Nicht wegen der Frau, auch wegen des Kindes. Dass nur derjenige ein guter Vater werden könne, der dem Neugeborenen sogleich seinen zärtlichen und prägenden Blick zuwirft, hat den Rang eines Dogmas erreicht. Schau mir in die Augen, Kleines.

So kennen wir das auch aus dem Fernsehen. Da gibt es jetzt viele Sendungen übers Kinderkriegen, in denen sieht alles so einfach aus, so friedlich. Die Frau lächelt, dann kommt die Wehe, sie wird begrüßt, danach drückt sie und kriegt einen roten Kopf vor Anstrengung. Der Mann streichelt sie, sagt: Du schaffst das, Schatz. Sie schaut ihn zärtlich an. Anschließend sind vierzehn Stunden ausgeblendet, nur diese Einstellung wird in Variationen wiederholt. Was man nicht sieht und hört, ist, wie die Frau sich windet und schimpft, Mann und Kind und die Ärzte verflucht.

Die Scheinwerfer gehen erst wieder an, wenn das Baby da ist, der Vater vor der Mutter auf die Knie sinkt und sagt: »Danke, ich liebe dich.« Auch beim Zunähen dürfen wir nicht zusehen. Abblende, nächste Geburt.

Nach der Entbindung ist meistens Friede, Freude, Eierkuchen angesagt, die Schmerzen und Flüche sind vergessen. Die Frage ist dennoch, ob der Vater die Schreckensbilder je vergisst, sie mit seinen sexuellen Phantasien in

Einklang bringen kann. Wir kommen noch auf das Thema »Sex nach Schwangerschaft und Geburt« zu sprechen. Sie können sich vielleicht denken, dass das nicht einfach und unkompliziert ist. Dieser Bereich, der bis jetzt der reinen Lust galt, ist nun noch anders »besetzt« in den Gedanken. Ich weiß aus unzähligen Gesprächen, dass es eine ganze Weile gedauert hat, bis der Mann damit klarkommt, dass eine Scheide auch nach einer Geburt eine Scheide ist, mit der Mann und Frau viel Spaß haben können. Männer geben das übrigens nie zu. Die Frau merkt es erst daran, dass ihr Mann keine Lust mehr auf Sex hat. Die Kollegin Wäis Kiani bringt das in ihrem Buch »Stirb, Susi!« auf einen drastischen Punkt, der keine Fragen mehr offen lässt:

*Eine Hebamme erkennt eine frühere Patientin wieder und spricht sie an: »Wissen Sie noch, wie Sie sich damals auf der Trage übergeben haben? Sie hatten, kurz bevor die Wehen einsetzten, gefüllten Wolfbarsch gegessen. Den hatten Sie nicht richtig gekaut, alles war voll mit diesen großen Wolfsbarschstückchen und Gemüse. Aber Sie waren ja nackt, da war das ja alles halb so schlimm, haha. Und der Einlauf ... Ihr Darm hat sich ja bei den Presswehen noch einmal richtig entleert. Direkt in die Hände Ihres Mannes! Ach, er ist gar nicht mehr Ihr Mann? Das tut mir aber leid.«*

So spielt das Leben. Öfter als Sie denken und es Ihnen einer erzählt. Klingt ja auch richtig gemein: Die Frau schindet ihren Körper, um dem Mann ein Kind zu schenken, und er verschmäht diesen Körper. Ja, das klingt schlimm, ist aber realistisch. Sagt auch Hauke Brost, Autor des Buches »Wie Männer ticken«: Auf die Frage »Sollte er bei der Geburt dabei sein?« antwortet er mit der Gegenfrage:

*»Wollen Sie hinterher noch Sex mit ihm? Es ist kein einziger Fall bekannt, wo ein Mann sagt: »Erst seit ich bei der Geburt dabei war, habe ich mit meiner Frau richtig guten Sex.«*

Relativieren Sie für sich die kollektive Ansage, dass Sie die Geburt als Paar durchstehen müssen. Es kann ein großartiges Gemeinschaftserlebnis sein. Sie sollten aber wenigstens darauf gefasst sein, dass es anders ablaufen könnte, dass Ihr Mann fassungslos neben Ihnen steht oder umkippt, weil er kein Blut sehen kann. Und dass er Probleme mit der Erotik bekommen könnte. Das überhaupt zu erwägen, kann Sie vor Enttäuschungen schützen.

Da Ihr Mann sich höchstwahrscheinlich nicht traut, Ihnen zu sagen, dass er lieber nicht dabei sein will, sollten *Sie* das Zepter behutsam in die Hand nehmen. Ihr Mann will schließlich nicht zu den ewig gestrigen Feiglingen gehören, die Kette rauchend auf dem Krankenhausflur stehen und die Frau in ihrem Schmerz allein lassen.

Vertrauen Sie auf Ihren Instinkt, lassen Sie sich nichts aufschwatzen. Sie wissen tief in Ihrem Inneren, wie Ihr Mann gestrickt ist. Seien Sie weise und vorausschauend, wie es unsere Mütter und Großmütter waren. Sie haben ihre Männer nicht mitgenommen – und sie waren nicht alle rückständig. Es kann sehr modern sein, heute diesen Entschluss zu fassen – gegen den Strom. Vielleicht ist es für Ihr persönliches Glück als Mutter und als seine Geliebte wirklich besser, er raucht draußen hektisch, guckt nervös auf die Uhr, drangsaliert das Krankenhauspersonal mit Fragen. Vielleicht tun Sie sich selbst den größten Gefallen, wenn er erst zu Ihnen kommt, wenn die große Schlacht vorbei ist und Sie gelöst und schön in den Kissen liegen, das gewaschene Baby am Busen. Dann kann er immer noch auf die Knie fallen und weinen – und ist Ihnen für das Kind und den Schleier, den Sie gnädig über dessen Weg auf diese Welt fallen ließen, ein Leben lang dankbar.

**Vorsicht, Falle!**
Auch wenn Ihre Freundinnen Ihnen einen Vogel zeigen, weil Sie die erste werdende Mutter aus Ihrem Umfeld sind, die ohne Mann in den Kreißsaal geht: Wenn Sie sich entschieden haben, ziehen Sie die Sache durch. Niemand kann Ihnen nämlich garantieren, dass das gemeinsame Geburtserlebnis Ihr Leben unendlich schöner macht und Ihr Liebster Ihnen so nah ist wie nie zuvor.

Oft geht der Schuss nach hinten los, das sagt Ihnen aber keiner, weil das Mann und Frau unangenehm ist.

Gehen Sie ganz sachlich an das Thema heran, verbannen Sie jede Ideologie aus Ihrem Bewusstsein. Denken Sie nur an sich. Und an das Miteinander mit Ihrem Mann.

Vielleicht ist es für das gute Gelingen der Geburt und Ihre Partnerschaft besser, Sie nehmen Freundin oder Mutter mit.

# »Schöne Schmerzen« oder schneller Schnitt?

## Plädoyer für eine selbstbestimmte Geburt

Eine der größten Glückserwartungen stellen werdende Mütter heute an die Geburt. Was in früheren Jahrhunderten eine schmerzvolle und zudem höchst gefährliche Notwendigkeit war, wird heute schon während der Schwangerschaft als großes emotionales Ereignis inszeniert. Die Geburt, die natürliche, gilt als der Glücksbringer schlechthin. Wie sie abläuft, ist in der Tat von allergrößter Bedeutung für das Lebensglück einer Frau: für das Verhältnis zum Kind, zum Kinderkriegen überhaupt, für das Verhältnis zu ihrem Körper, zu ihrem Mann. In den meisten Fällen läuft vieles schief bei einer Geburt. Und das hängt den Frauen noch lange nach.

Viele Mütter sind verstört und halten sich schon in den ersten fünf Minuten nach der Geburt für eine schlechte Mutter, weil sie so fertig und erschöpft sind, dass die Glücksgefühle auf sich warten lassen. Es fällt mir schwer nachzuvollziehen, aus welchem Bewusstsein heraus Frauen die Geburt derart überhöhen.

Mir kam es bei beiden Schwangerschaften immer auf den Moment *danach* an. Mir war es wichtig, das Kind zu sehen, zu fühlen, zu riechen. Den »Rest« habe ich versucht auszublenden – was mir nicht gelang. Während der ersten Schwangerschaft wurde meine Angst vor der Geburt täglich größer. Was meinen Sie, wie vielen Frauen es so geht? Darüber hören Sie selten ein Wort, höchstens in den Schwangerenforen im Internet traut sich ausnahmsweise mal eine Frau schüchtern, ihre Panik einzugestehen. Und auch später legt sich der Mantel des Schweigens über das Erfahrene. Ich dachte lange Zeit, dass ich die Einzige bin, die der Geburt so ängstlich gegenübersteht.

Die Soziologin Isabelle Azoulay hat diesen kollektiven Verdrängungsmechanismus in ihrem zu Recht polemischen Buch »Die Gewalt des Gebärens« beschrieben. Es geht hier tatsächlich um eine traumatische Erfahrung, die möglicherweise größte Krise im Leben einer Frau, in deren Verlauf nicht selten Todesängste ausgestanden werden.

*»Rückenschmerzen sind modern«, schreibt Azoulay, »Orgasmusschwierigkeiten sind modern, über Fußpilze und Beckenbodenschwäche unterhalten sich Frauen rege am Spielplatz, während die Gören im Sandkasten spielen. Aber um die Grausamkeit von Geburt herrscht, wie ich finde, ein kurioses Schweigen, als stände zwischen der Mühe, den Weg zur Geburt zu gestalten, und dem Geschehen selbst eine unsichtbare Wand, die jede Verständigung verhindert. Welcher Sprache der Frauen bedürfte es, um diesem Behutsamkeitsgesäusel Einhalt zu gebieten? Welches Licht benötigen wir, um die Geburt als brutales Geschehen zu benennen, anzuerkennen und entsprechend die Frauen darauf vorzubereiten? Die Barbarei der Geburt produziert bizarrerweise Gesänge der Sanftmut.«*

Ich erkläre mich bereit, diese »Gesänge der Sanftmut« zum Schweigen zu bringen, stattdessen ein Licht auf die

Wahrheit zu werfen. Ich wünsche mir, dass sich keine Frau der Welt mehr ihrer Angst schämen muss. Dass sie informiert ist und selbstbewusst überlegt, wie sie entbinden möchte, mit Hilfe welcher Schmerzmittel oder per Kaiserschnitt.

Ich habe schon während der ersten Schwangerschaft keinen Hehl aus meinen Gefühlen gemacht, die ich übrigens als sehr »natürlich« empfand. Natürlicher als eine natürliche Geburt. Im Innersten meines Herzens habe ich mich schon manchmal gefragt, warum ich mich so fürchte, wo sich doch keine Frau um mich herum zu fürchten schien. Es ist fast unmöglich, sich nicht verunsichern zu lassen! Nach außen hin habe ich zu meinen Gefühlen gestanden. Besonders gern habe ich im Geburtsvorbereitungskurs damit provoziert. Ich fing immer damit an, wenn es besonders kuschelig war und die Teilnehmer bei Kerzenschein mit ihrem Kind im Bauch kommunizierten, sich darauf freuten, dass es bald ganz leicht herauspurzelt bei einer sanften Geburt. Dann habe ich diese Träume unsanft gestört mit meinen penetranten Fragen. Wie weh tut es wirklich? Wie lange kann es dauern? Wie viele Frauen sterben heute noch bei der Geburt? Wie fühlt sich im Vergleich zum Geburtsschmerz der Wundschmerz nach einem Kaiserschnitt an? Kann ich die PDA auch am Krankenhauseingang bekommen oder gar während der ganzen Geburt eine Vollnarkose? Ich wollte das wirklich wissen, darüber hinaus bereitete mir dieses inquisitorische Fragen auch ein diebisches Vergnügen. Sie hätten die entsetzten Gesichter der anderen werdenden Eltern sehen sollen. Als wenn ich ein Heiligtum vom Sockel gestoßen hätte.

Ein Mann war außer sich über mich, er hielt seine kugelrunde Frau vor sich wie eine Trophäe: »Seht, sie wird es ohne jedes Schmerzmittel machen! Ich vertraue ihr.« Die Frau als Gebärmaschine! Und weil ich so ein Geschwätz nicht aushalten kann, habe ich gleich noch nachgelegt und gefragt, ob die Scheide derart ausleiern kann, dass man nach der Geburt nichts mehr spürt beim Sex. Alle wendeten sich ab – wer will das wissen. Sie kriegt ein Kind – und denkt an Sex. Igitt.

Wenn ich beim Frauenarzt war, zeigte ich allerdings mein wahres Gesicht, weinte viel und war verzweifelt. Ich liebte mein Baby so sehr, wollte es bei mir haben, aber ich konnte mir beim besten Willen nicht vorstellen, wie es je aus mir herauskommen sollte. Gott sei Dank hatte ich mir einen wunderbaren Arzt ausgesucht mit großem Verständnis für mich. Er verstand es immer wieder, mich zu beruhigen. Er hatte Belegbetten in einer Klinik, würde dabei sein, wenn »es« so weit ist. Und er würde mir meine Schmerzen erleichtern, so gut es geht, mich nicht allein lassen. Und wenn es nicht anders ginge, das Kind per Kaiserschnitt holen. »Oder wir machen gleich einen Kaiserschnitt, wenn Sie wollen«, bot er mir an. Ich wusste damals nicht, dass ein Kaiserschnitt auf Verlangen möglich ist.

Die Aussicht auf einen Kaiserschnitt hat mir sehr geholfen, obwohl ich fest vorhatte, es auf dem natürlichen Weg zu versuchen. Ich glaube, es gibt immer mehr Ärzte, die das genau so sehen. Sie bringen der Frau gebührenden Respekt entgegen und überlassen ihr die Entscheidung. Und es ist Unsinn zu sagen, Angst sei keine seriöse Indikation für eine Schnittgeburt. Große Angst, Panik, Hysterie – das kann die Geburt sehr erschweren, gefährlich werden für das Kind, qualvoll für die Mutter.

Als ich dann Wehen bekam, war ich schon von der ersten überrascht, wie schmerzhaft sie ist. Ich wollte durchhalten, machte das, was alle Frauen tun. Ich ging mit meinem Mann spazieren, ich legte mich in die Badewanne und versuchte es mit dem Atmen. Mein Mann atmete vor, ich hielt aus Angst vor dem nächsten Schmerz die Luft an, bis ich fast platzte. Ich war die Karikatur einer Gebärenden. Mein Mann gab alles (außer Äpfel schütteln), fuhr mich nach einer durchwachten Nacht in die Klinik. Ich dachte, gleich habe ich es geschafft. Es war eine schwere Geburt. Die Hebamme schloss mich an den Wehenschreiber an und diagnostizierte kühl: »Das kann noch sehr lange dauern.« Und dann, mit einem vernichtenden Blick auf mich, die ich mich wie ein Häuflein Elend krümmte: »Das sind nur Eröffnungswehen, stellen Sie sich nicht so an.«

So eine blöde Kuh. Das Schreiben dieses Buches rechtfertigt sich schon allein daraus, dass ich Frauen davor bewahren will, an so eine menschenverachtende Person zu geraten. Feldwebel im Kreißsaal. An eine Person, die genau diesen Tapferkeitsunsinn verbreitet und Frauen ablehnt, die nicht mitmachen wollen oder können. Hätte ich nicht diesen freundlichen Arzt gehabt, ich hätte in den Fängen dieser Sadistin leiden müssen. So aber rief mein Mann den Arzt an, und zehn Minuten später konnte er sich vom Ernst meiner jämmerlichen Lage ein Bild machen.

»Liebe Frau Ehrenberg«, sagte der Halbgott in Weiß, »keine Sorge, können Sie es noch aushalten? Leider ist der Muttermund noch überhaupt nicht geöffnet, dachte ich mir schon. Sie sind zu verkrampft. Soll ich das Kind holen?« »Holen« – welcher Frieden lag in diesem Wort. Gesagt, getan. Vom Legen der PDA – der Periduralanästhesie – bis zum Kind dauert das etwa 40 Minuten. Ich war selig, sanfte Geburt per Skalpell. Wie gern denke ich an diesen Tag zurück. Wie ich schon sagte: einer der beiden Lieblingstage in meinem Leben. Der andere ist der Tag der Geburt meines zweiten Kindes. Da habe ich mich nicht mehr mit Wehen aufgehalten, es war von vornherein ein geplanter Kaiserschnitt. Ich kenne nun den spezifischen Schmerz einer Wehe – und die Schmerzen nach einem Kaiserschnitt. Meine Erfahrung: Mit den Wundschmerzen konnte ich viel besser umgehen. Sie sind wirklich nicht ohne, man muss beim ersten Mal aus dem Bett aufstehen auf jeden Fall ordentlich die Zähne zusammenbeißen, aber sie sind überschaubar, nicht so eruptiv und gewaltig wie die Wehen. Diese Art von erwartbarem Schmerz, dem man mit Haltung und Atem anhalten begegnen kann, passt zu mir. Einen Schmerz, dem ich mich offen und entspannt hingeben soll, kann ich dagegen nicht ertragen. Das ist in meinem Persönlichkeitsprogramm nicht vorgesehen. So hat mich der liebe Gott einfach nicht gemacht.

Nach diesen Erlebnissen habe ich viel recherchiert über natürliche Geburt und Kaiserschnitt. Allein über dieses Thema ist so viel Nonsens verbreitet worden. Zum Beispiel, dass Kaiserschnittkinder im späteren Leben nicht so selbstbewusst sind wie Kinder, die natürlich entbunden wurden, dass Letztere zudem widerstandsfähiger sind, durch die Stresshormone, die während der Geburt ausgeschüttet werden. Wie sollte man das überhaupt erforschen können? Das entbehrt jeder Empirie. Genauso kann es sein, dass ein Kind traumatisiert ist, weil es sich durch den engen Geburtskanal quetschen musste. Das hat jedenfalls der gute alte Psychopapst Sigmund Freud behauptet.

Medizinisch steht fest, dass es viele gute Gründe für einen Kaiserschnitt gibt, jedenfalls was das Kind angeht. Knapp 700 000 Kinder kamen im vergangenen Jahr in Deutschland zur Welt, jedes fünfte per Kaiserschnitt. Meist geschah dies aus medizinischen Gründen, oft aber auch, weil die Mütter es so wollten. Kaiserschnitt auf Wunsch ist nicht nur eine konfuse Idee, die von mir als Angsthasen propagiert wird. In der Geburtshilfe gibt es einen neuen Trend, der zum Topthema auf gynäkologischen Fachkongressen avanciert und das Jahrhundertdogma der vaginalen Geburt ins Wanken bringt: Immer mehr Frauen lehnen nämlich eine natürliche Geburt ab und wünschen sich eine Entbindung per Skalpell. Schon jede dritte Frau würde die chirurgische Entbindung der natürlichen vorziehen, ergab eine Umfrage der Uniklinik Düsseldorf.

Neben der Angst vor der Geburt sind die häufigsten Motive für einen Wunschkaiserschnitt: Die meisten Frauen befürchten mögliche Verletzungen der Geburtswege mit Langzeitfolgen, wie Blasenschwäche oder Schmerzen beim Sex. Studien ergaben, dass vier Fünftel aller Gebärenden darunter leiden. Bis jetzt wurden diese Nachteile weitgehend tabuisiert von den betroffenen Frauen und den Gynäkologen. Darüber hinaus galten sie als unabänderliche Folgen der Mutterschaft, die einfach hingenommen wurden. Eine in vielerlei Hinsicht geänderte Einstellung der Frauen und der Ärzte bringt es mit sich, dass man derartige Geburtsfolgen nicht mehr um jeden Preis akzeptieren will. Das dringt immer schärfer in das gesellschaftliche Bewusstsein. Wesentlich stärker als in Deutschland geschieht dies übrigens in England. Dort gilt das Motto »Save your love channel«, schütze deinen Liebeskanal.

Unter idealen Bedingungen ist ein Kaiserschnitt sicherer als eine natürliche Geburt. Ideal heißt: keine Notsituation für den Eingriff, keine Terminüberschreitung, keine medizinischen Probleme bei der Frau, ein erfahrenes OP-Team. Dann ist das Kind in zehn Minuten auf der Welt. Der lange, anstrengende Weg nach draußen, der niemals ganz frei ist von Risiken, bleibt ihm erspart.

So weit zu den Fakten. Ich habe in meinen Texten für das Recht auf einen geplanten Kaiserschnitt plädiert – vor allem für die gesellschaftliche Akzeptanz. Ich verdamme niemanden, der natürlich entbinden möchte, aber ich habe jene angegriffen, die das Recht auf freie Wahl bei der Entbindung in Frage stellen wollen. Interessanterweise wurde ich mehr von Frauen attackiert, die das erste Kind erwarteten. Frauen, die bereits eine Geburt hinter sich hatten, brachten sehr viel Verständnis auf. Einen richtigen Hassbrief habe ich von einer Hebamme erhalten, die wohl um ihr berufliches Selbstverständnis bangte. Sie warf mir vor, ich könne unmöglich eine gute Mutter sein und würde garantiert nicht stillen. *Eine gute Mutter* – da haben wir es wieder.

Da ich so angegriffen worden bin, werde ich hier die Chance nutzen, um noch einmal ganz deutlich zur Sprache zu bringen, warum ich rein persönlich und von einem feministischen Standpunkt aus die Überhöhung der natürlichen Geburt ablehne.

Die damit verbundene Art von Natürlichkeit passt nicht in mein Bild von einer selbstbestimmten Frau. Die so genannte »Natürlichkeit« ist – genau gesehen – ein Hinnehmen, ein Erdulden, ein Erleiden. Niemand würde heute von Ihnen verlangen, sich einen vereiterten Zahn ohne Betäubung ziehen zu lassen. Doch Schwangere müssen sich immer wieder Tapferkeitsgeschichten aus anderen Kulturen anhören, über Indianerinnen, die ihr Kind am Wegesrand zur Welt bringen und sofort wieder weitermarschieren. Die Schmerzen nehmen sie klaglos und munter an. Da denke ich automatisch daran, dass die *Geburtsschmerzen vom lieben Gott als Strafe* gedacht waren für Evas Kühnheit, vom Apfel der Erkenntnis zu essen: Unter Schmerzen gebären sollst du, heißt es. Ich habe nichts verbrochen, ich habe keine Schuld, ich möchte nicht mit Schmerzen entbinden und auch nicht in der Prärie.

Der naheliegende menschliche und logische Schluss wäre jedenfalls, diesen Schmerz der Frau zu lindern oder, noch besser, aus der Welt zu schaffen – für eine Gesellschaft, die Leute ins All schießt und Schafe klont, sollte das eigentlich kein Problem sein.

Stattdessen wird die Geburt als die Quelle weiblicher Identität gesehen, in den Bereich des Transzendenten gehoben. Sich selbst erkennen, seine wahre Bestimmung und sein Glück als Frau finden, weil man Schmerzen erträgt? Hoppla!

Ich weiß, viele Frauen werden jetzt sagen: Ich war wirklich glücklich dabei. Ich behaupte, das ist eine Folge gesellschaftlicher Manipulation. Kollektive Verdrängung. *Danach* – ja, da ist alles schnell vergessen, doch unter der Geburt gibt es kaum eine Frau, die nicht erlöst werden möchte. Nachher machen sich die Frauen Druck. Es gibt Selbsthilfegruppen von Frauen, die per Kaiserschnitt entbinden mussten, weil es nicht anders ging, wegen einer Steißlage oder weil das Kind oder die Mutter in Lebensgefahr waren. Diese Frauen leiden noch nach Jahren darunter, es nicht »geschafft« zu haben. So weit kann die gesellschaftliche Repression führen. Diese Frauen haben gesunde Kinder und hadern damit, dass sie zu »wenig« ausgehalten, es nicht »geschafft« haben. Das ist starker Tobak im 21. Jahrhundert.

In dieser Mythisierung von Geburtsschmerz scheint sich schon am Anfang des Mutterseins ein neuer weiblicher Rollenkonflikt auszudrücken, wie er später auch in der Überhöhung der Mutter- und Hausfrauenrolle deutlich wird. Mit der Empfängnis scheint die Emanzipation aufzuhören.

Ich möchte die Glücksmomente einer natürlichen Geburt nicht schmälern, für unwahr oder unecht erklären. Ich will über ideologische Verbrämung aufklären, das Selbstbewusstsein der Frau mobilisieren, damit sie vorbereitet ist, so dass sie sich frei und stolz entscheidet, ob sie der natürlichen Geburt aus dem Weg gehen möchte. Das Motto soll sein: Wie bin ich glücklich? Wie entbinde ich auf eine für mich angenehme Weise? Ich will Ihnen Mut machen, auch an diesem großen Tag in Ihrem Leben und in dem des Kindes an sich zu denken. Suchen Sie sich einen Arzt Ihres Vertrauens, reden Sie mit ihm ausführlich über Ihre Wünsche und Ängste.

Die meisten Ärzte haben nichts gegen einen Wunschkaiserschnitt. Sie sehen eine Geburt als das, was sie ist: eine Dienstleistung. Und es gibt auch viele wunderbare Hebammen, für die die Frau und ihr Wollen im Vordergrund steht, die Sie »trotzdem« nett behandeln im Krankenhaus. Ich jedenfalls habe Menschen um mich gehabt, Schwestern, Hebammen und Ärzte, die den Kaiserschnitt für mich zu einer einmalig schönen Geburt gemacht haben.

Wenn Sie natürlich entbinden wollen, tun Sie es. Wenn Sie sich das zutrauen und wollen, ist alles gut. Wenn Sie sich für den Kaiserschnitt entscheiden – auch gut. *Eine selbstbestimmte Gebärende ist auf jeden Fall auf der sicheren Seite, weil sie eine glückliche Gebärende ist.*

**Vorsicht, Falle!**

Wenn Sie mit einer Erwartungshaltung richtig auf die Nase fallen können, dann mit der Annahme, eine natürliche Geburt sei ein ausschließlich positives Erlebnis, das Sie als Frau reifer macht und identitätsstiftend wirkt. Eine Geburt kann Sie auch zurückwerfen in eine Zeit, wo Sie keine Kinder wollten. Eine Geburt kann so schrecklich sein, dass Sie kein zweites Kind mehr wollen.

Hüten Sie sich vor romantisch überzogenen Vorstellungen. Eine Geburt ist von Anbeginn der Menschheit an einfach »der Weg nach draußen«. Mittel zum Zweck. Nicht mehr, nicht weniger.

Nehmen Sie Ihr Recht wahr, die Geburt Ihres Kindes mit allen verfügbaren Mitteln so angenehm wie möglich erleben zu dürfen und sie nach Ihren Wünschen zu gestalten.

# Das erste Jahr

## Ist das mein Baby?

## Gefühlsblockaden nach der Geburt, Heultage und andere Katastrophen

Es ist Ihnen sicher schon aufgefallen, dass mein Konzept von Mutterglück auf einem ausgewogenen Verhältnis zwischen Rückzug aus der Welt und, wie Sie später sehen werden, Rückkehr in die Welt beruht. Das ist sozusagen der Rahmen, in dem das Glück möglich wird, weil sich das mütterliche Ich und die »normale« Persönlichkeit der Frau zwischen diesen Polen harmonisch einpendeln können. Das geht nicht ohne gewisse Umstellungsschwierigkeiten.

Der erste richtig große Schritt ins andere Leben ist die Entlassung aus dem Krankenhaus, der Weg nach Hause. Da beginnt Ihr Wochenbett – Ihr »Honeymoon« mit Ihrem Baby.

Das ist die Phase Ihres Mutterlebens, in der Sie sich zurückziehen können, ja sogar sollen. Machen Sie schlapp! Gönnen Sie sich die Ruhe, weil Sie sich so sehr freuen über das Baby, dass Sie nur mit ihm zusammen sein wollen. Oder, genauso akzeptiert, weil Sie Zeit brauchen, sich an das Baby zu gewöhnen. Weil Sie es beschnuppern müssen, weil sich die Vertrautheit zwischen Mutter und Kind bei Ihnen erst nach und nach entwickelt.

Normalerweise enden selbst die Berichte über die schlimmste Geburt so: Endlich ist das Baby da, liegt bei Mama am Busen. Überglücklich schließt die Mutter es in die Arme, Freudentränen laufen ihr über die Wangen. Aber Mütter kennen noch andere Tränen. Tränen der Erschöpfung, Tränen der Verzweiflung, weil nichts so ist, wie sie es sich vor der Geburt vorgestellt und erträumt hatten. Darüber hören Sie nur wenig in Schwangerschaftsratgebern, in der Geburtsvorbereitung, beim Arzt oder im Freundeskreis. Diese Mütter brauchen Zeit, bis sich ihr Herz öffnet.

Klar: Eine traurige Mutter mit einem süßen Baby im Arm, die sich nicht freuen kann, ist eine Provokation. Gesellschaftlich erlaubt sind allenfalls die so genannten »Heultage« – der Babyblues. Diese harmlose Variante von postnatalen Depressionen ist die Folge der hormonellen Veränderung, die Ihr Körper erlebt. Damit »dürfen« Sie gesellschaftlich akzeptiert zwei bis drei Tage unglücklich sein. Tatsache ist, dass jede zehnte Frau (und mit ihr unter Umständen auch die Partnerbeziehung) nach der Geburt in eine schwere Krise gerät.

Deshalb ist es so wichtig, dass die Zeit des Wochenbetts für die Mutter von Mann, Familie und Freunden so schön und fürsorglich gestaltet wird wie nur möglich! Dem Baby kommt so oder so viel Zuneigung entgegen, doch auch die Mutter braucht sie in dieser Zeit ebenso dringend, gerade wenn die Geburt besonders anstrengend war.

Sie sollte, wenn sie mag, zum Beispiel einfach im Bett liegen bleiben. Wochenlang. Das kann sogar beim zweiten Kind funktionieren, wenn man jemanden hat, der einem bei der Versorgung des ersten Kindes und des Haushaltes zur Seite steht. Ich will den Zustand des Wochenbetts nicht pathologisieren – ich will aber klarstellen: Das ist eine sehr spezielle Zeit. Da steht die Welt Kopf, manchmal auch still.

Es gibt Frauen, die tanzen drei Tage nach der Entbindung mit ihrem Säugling auf einer Party. Für mich ist das ein Schreckensszenario. Ich finde, ein Neugeborenes »schreit« geradezu nach Ruhe, die Mutter erst recht. Ich finde es aber auch überhaupt nicht schlecht, gleich in den Alltag zu gehen. Jede Frau muss das selbst wissen, wie es für sie am besten ist. Ich bin ein Party-Löwe, aber nach einer Geburt eher ein Mummel-Mensch. Die Party-Mutter ist eine Party-Mutter, die Mummel-Mutter eine Mummel-Mutter. Wenn Sie lieber liegen wollen, liegen Sie. Wenn Sie feiern wollen, feiern Sie.

Ich finde den Ausdruck »Wochenbett« herrlich und treffend. Acht Wochen dauert diese Zeit, und acht Wochen dürfen Sie mit jedem Recht der Welt auf den Rest der Welt pfeifen. Ich habe acht Wochen im Bett verbracht mit meinen Babys. Ungestört durch Besuche, nur die allerengsten Freunde durften gucken. Und wer kommt, ungeschriebenes Gesetz, muss der Mutter etwas mitbringen, was gut für sie ist: eine kräftigende Suppe zum Beispiel, Eis, einen neuen Lippenstift.

Ruhe im Mutter-Baby-Kosmos ist die Atmosphäre, die viele Frauen brauchen, um sich einzufinden in ihre neue Rolle. Ruhe habe ich mir übrigens schon im Krankenhaus erbeten. So schön das ist, wenn alle lieben Menschen sich freuen und gratulieren wollen, so unerträglich ist es, wenn sich die Besucher die Klinke in die Hand geben. In den ersten Stunden oder Tagen des Babylebens kann die Welt getrost draußen bleiben. So kommen sich Mutter und Kind und Welt nicht in die Quere. In südlichen Ländern ist das anders, da tobt die Großfamilie ums Bett. Und die Mütter wären empört, wenn nicht gleichzeitig mindestens 20 Menschen in der Nähe wären. Nichts gegen dieses mediterrane Lebensgefühl, doch ich habe es lieber zweisam: Baby und ich.

Bei meinem ersten Kind hatte ich meinem Mann schon sehr ans Herz gelegt, keine Besucher durchzulassen, und allen unverblümt zu sagen, dass ich keine Gäste möchte. Am Tag der Geburt hat er dieses Briefing jedoch vergessen und beinahe auch noch den Pförtner unserer Firma angerufen, um ihm das freudige Ereignis mitzuteilen. Die komplette Belegschaft, alle Verwandten, Freunde und Nachbarn standen vor meinem Bett. Sogar ein flüchtiger Bekannter, ein begabter Saxophonist hat sich auf die Wöchnerinnenstation gewagt, um Nele und mir ein jazziges Ständchen zu bringen. Das war gut gemeint, aber ungefähr das Letzte, was wir gebrauchen konnten. Der Künstler wurde von einer Krankenschwester mit Schimpf und Schande verjagt.

Beim zweiten Kind war ich schlauer und habe meinem Mann noch eindrücklicher gesagt, dass ich außer ihm und Nele keinen sehen will. Es hat auch fast geklappt.

In diesem Punkt bin ich mir übrigens mit allen Schwangerschaftsratgebern einig. Die Wöchnerin hat die zarteste Seele und auch den zartesten (weil beanspruchten) Körper der Welt. Sie darf alles, alle anderen dürfen nichts. Ich war eine beispielhafte Wöchnerin, habe während der ganzen Zeit ein Nachthemd getragen und mich von vorn bis hinten bedienen lassen. Von meinem Mann, von meinen Freundinnen. Diese mütterliche Faulenzerei hat auf jeden Fall auch einen anderen großen Vorteil für das Kind, abgesehen von der Ruhe: Die Milch fließt gut. Jede Art von Stress kann dem Milchfluss schaden. Mehr muss man als Wöchnerin nicht tun: essen, trinken, das Baby nähren, fernsehen vielleicht, Modejournale lesen und sich darauf freuen, dass man in einem Jahr wieder eine normale Hose tragen kann.

Und: Immer wieder sein Kind betrachten. Wieder und wieder. Riechen. Anfassen. Küssen. Was meinen Sie, wie es sich schläft, wenn so ein kleiner Babymensch auf Ihnen liegt.

Was tun Sie, wenn die ganze Ruhe nichts bringt? Wenn sich die Nähe zu Ihrem Kind nicht herstellen lässt? Wenn es Ihnen fremd bleibt, wenn Sie nicht erfüllt sind – sondern grenzenlose Leere und Kälte in sich spüren? Wenn die Tränen nicht aufhören zu fließen und die Milch vor Schreck wegbleibt? In dieser Situation besteht die Gefahr, dass die Krise chronisch wird, dass sich eine wirkliche Depression entwickelt. Sie müssen wissen: Je später Sie sich Hilfe suchen, desto schwieriger wird die Behandlung der Beschwerden. Versuchen Sie nicht, alle Ihre Reserven zu mobilisieren, um die Fassade von der seligen Mutter aufrechtzuerhalten. Nehmen Sie alle Hilfe in Anspruch, die Sie kriegen können – bis hin zur Haushaltshilfe. Die bezahlt die Krankenkasse, wenn der Arzt Ihnen eine postnatale Depression bestätigt.

Wenn es Ihnen ohnehin schon schlecht geht, grübeln Sie

nicht, warum gerade Sie eine Depression ereilt. Es kann wirklich jede Frau treffen – an einer Grippe haben Sie ja auch keine »Schuld«. Selbst die amerikanische Strahlefrau Brooke Shields hat es erwischt. Ein Star, als junge Mutter sicher gut umsorgt, trotzdem in sich erstarrt.

Bemühen Sie sich, Ihren Zustand sachlich und medizinisch zu sehen – und suchen Sie sich Hilfe von Menschen, die ihn auf Grund ihres Wissens genauso betrachten. Ich habe in der Einleitung die Selbsthilfegruppe »Schatten und Licht« erwähnt, da finden Sie Zuspruch und Hilfe. Eine Wochenbettdepression, die sich über Monate hinzieht, ist das Ergebnis einer schwerwiegenden Überforderung, die auch mit der immensen hormonellen Veränderung zusammenhängt, die direkt nach der Geburt beginnt. Sie sind krank, Sie brauchen ärztliche Hilfe. Sie sind keine schlechte Mutter – nur traurig.

**Vorsicht, Falle!**

Die Zeit »danach« ist die wohl am sehnsüchtigsten erwartete Phase einer werdenden Mutter. Endlich ist das Baby da. Gerade deshalb fällt meistens unter den Tisch, welche widerstreitenden Gefühle eine Frau in dieser Zeit erleben kann.

Der größte Fehler: Sich unter Zeitdruck zu setzen, schnell funktionieren zu wollen, auch emotional. Manchmal braucht es Wochen oder Monate, bis Mutter und Kind zusammenwachsen. Es gibt Kulturen, da dauert das Wochenbett ein Jahr!

Seien Sie Ihrer Familie, Ihrem Arzt, Ihrer Hebamme ganz offen gegenüber, wenn Ihnen das Baby fremd bleibt. Bitte keine Schuldgefühle!

Nehmen Sie jede mögliche Hilfe in Anspruch. Alles ist vielleicht nicht gut – kann aber gut werden!

Buchtipp: Viresha Julia Bloemeke: Alles rund ums Wochenbett. Die ersten Monate mit der jungen Familie. München 1999.

## Stillen = gute Mutter?

Warum Flaschenmütter keine mütterlichen Flaschen sind

Muttermilch ist richtig gut fürs Baby, seelisch und körperlich. Gegenwärtig ist dies unbestritten. In den 60er Jahren wurde eher abgeraten vom Stillen, wegen der möglichen Schadstoffe in der Milch. Ich erwähne das, damit Sie sich vor Augen führen, wie historisch wandelbar die Einstellungen und Bewertungen sind, die mit der Mutterschaft zusammenhängen. Stillen ist jedenfalls nach der wissenschaftlichen Erkenntnis, die die Menschheit zur Zeit hat, die Wunderwaffe gegen Allergien und diverse Krankheiten, die beste Vorbereitung für ein gesundes und glückliches Kinderleben.

So wird jeder Frau dringend geraten, ihrem Kind diese Art der Nahrung zu gewähren. Wenn es nach den selbsternannten »Experten« geht, den anderen Müttern oder den professionellen Experten, geschulten Stillberaterinnen, können es wirklich alle Mütter. Gegen jedes Stillproblem ist ein Kraut gewachsen. Wer aufs Stillen verzichten *muss,* weil das Gehalt des Mannes nicht reicht für die ganze Familie und nach acht Wochen bereits wieder die Arbeit ruft, genießt noch Schonung. Die, die es wollen, teilen sich in zwei

Gruppen: die Mütter, die es sogleich können, und solche, bei denen es Schwierigkeiten gibt. Das Kind wird nicht satt, die Brustwarzen sind nicht geeignet fürs Stillen. Im zweiten Fall hängt alles vom Einsatz der Mutter ab. Wenn sie sich Mühe gibt, Hilfe annimmt und wirklich von ganzem Herzen stillen möchte, dann klappt es. Der Anspruch lautet: »Die kann stillen, wenn sie nur will.« Wie oft habe ich das schon gehört. Von jenen Frauen, die es dezidiert ablehnen zu stillen, es noch nicht einmal ausprobieren, weil es ihnen körperlich unangenehm ist, weil sie Sorge um die Form des Busens habe, ist kaum die Rede. Als seien sie eine namenlose und stimmlose Minderheit.

Die Realität ist eine andere: Drei Viertel aller Kinder im sechsten Lebensmonat werden mit der Flasche ernährt, viele schon in den ersten Lebenswochen. Die Argumente der Mütter sind meist praktischer Natur, ergab eine Studie britischer Sozialwissenschaftler: Mehrere Kinder sind zu versorgen, das Stillen bereitet gesundheitliche Probleme, man möchte schnell wieder arbeiten. In den meisten Fällen haben die Frauen sich das gründlich überlegt. Es gibt wohl kaum eine Frau, die das Thema Stillen auf die leichte Schulter nimmt.

Noch bedrückender als äußerliche »Sachzwänge«, die einem das Leben als Nicht-Stillerin schwer machen, ist allerdings der moralische Druck, ergab die Studie weiter. Die meisten nicht stillenden Mütter leiden unter massiven Schuldgefühlen und Depressionen, fühlen sich an den Pranger gestellt von Kampagnen, die aus dem Stillen eine ethische Frage machen. Und, wie gesagt, der Druck wird leider vorwiegend von Frauen erzeugt.

Dürfen wir das? Andere Mütter diffamieren, dass sie ihre Kinder nicht ordentlich nähren »wollen«? Man kann einer Mutter kaum einen schlimmeren Vorwurf machen, als sie zu beschuldigen, sie lasse ihr Kind hungern oder gebe ihm minderwertige Nahrung!

Ich konnte mir unter dem Stillen jedenfalls auch nichts vorstellen und war eher befremdet, wenn ich Mütter sah, die in der Öffentlichkeit ihren Busen herausholten. Es hat mich irritiert – und ich schwor mir, mir immer eine Nische zu suchen, wenn ich tatsächlich stille. Später wird das dann oft alles ganz anders als geplant. Das Baby schreit sich die Seele aus dem Leib, man steht hilflos in der Fußgängerpassage und macht sich einfach frei. Das Kind tut einem leid, die Leute starren einen an, weil das Kind erbärmlich weint. Da vergisst man ganz schnell sämtliche Vorsätze, und ich denke, das ist auch gut. Trotzdem finde ich es höflich und angenehm, wenn mich ein weiblicher Gast fragt: »Darf ich hier im Wohnzimmer stillen, oder soll und kann ich mich zurückziehen?«

Als ich meine Tochter zum ersten Mal angelegt habe an die Brust und es funktionierte, spürte ich genau das, was eine der Figuren aus dem Roman »Working Mum« von Allison Pearson empfunden und in die treffendsten Worte gefasst hat. Eine Freundin und Kollegin der Heldin, eine Hardcore-Businessfrau und »Kinderhasserin«, wird ungewollt schwanger, kommt damit nicht klar, zieht sogar eine Abtreibung in Frage und entscheidet sich schließlich doch für das Kind, ahnend, dass sie den Fehler ihres Lebens begeht, wenn sie es nicht bekommt. Als sie im Krankenhaus besucht wird und zum ersten Mal ihr Baby stillt, fragt sie, überwältigt von ihren Gefühlen: »*Wie lange kann man das machen, ohne verhaftet zu werden? Achtzehn Jahre?*«

So habe ich das Stillen auch erlebt. Diese absolute Nähe zu einem anderen Wesen hat mich fassungslos gemacht. Es ist die Liebe zum Anfassen. Da ich überhaupt keine Probleme mit dem Stillen hatte wie eine Brustentzündung oder zu wenig Milch, war dieses Glück auch nie getrübt. Jedes Mal, wenn ich meine Kinder gestillt habe, brach mir das Herz vor Rührung. Wirklich. Es wurde nie zur Routine. Meine Kinder haben es auch genossen, verweigerten jede Art von anderer Nahrung, die Flasche, einen Schnuller sowieso. Irgendwann stellte ich fest, dass ich nicht nur gelegentlich in der Fußgängerpassage stillte, sondern meine Brust nur noch »draußen« war. Ich schaute in den Spiegel und sah ein großes und schweres Milchtier. Ich dachte: Das bin ich nicht. Das ist ein »Phasen-Ich«. Das war ich eine Zeit lang, doch jetzt war der Augenblick für die Vitalisierung anderer Persönlichkeitsanteile. Ich wollte wieder schlank sein und feiern, wollte maßlos sein, nicht am Schampus nippen, sondern ihn gläserweise stürzen.

Es hat noch Monate gedauert, bis es so weit war: Die Kinder haben rebelliert, hielten fest an Mamas Busen. Ich zog sogar eine Stillberaterin zurate. Die riet mir, es »zuzulassen«, die Kinder würden sich allein abstillen. Das war ein heilsamer Schock, denn sofort tauchte vor meinem geistigen Auge ein Bild auf, das ich auf Spielplätzen gesehen hatte: Ein vierjähriges Kind kommt angelaufen, zieht den Busen der Mutter aus der Bluse und trinkt. Damit könnte ich nicht leben. Irgendwann, früher oder später, muss die Frau zu ihrem Recht kommen – Schluss mit Mutter. Rein mit dem Mutterbusen – raus mit der Frauenbrust als erogene Zone. Auch wenn Legionen von Stillberaterinnen das Gegenteil behaupten. Bezeichnenderweise wird in französischen Informationsbroschüren zum Stillen auch daran erinnert, wie man den Busen in Form hält. Bei uns wird ausschließlich die Mutter angesprochen, dort auch die Frau. An diesem Beispiel erkennen Sie deutlich, wie sehr die Idee der hingebungsvollen Mutter in Deutschland mit Selbstaufgabe zu tun hat, wie gering ihre eigene Persönlichkeit geachtet wird. Sie ist nicht im Blick, weder ihr Busen, noch ihre Bedürfnisse.

Als ich an diese Szene dachte, ging jedenfalls ein Ruck durch meinen Körper – beim ersten Kind, beim zweiten Kind auch. Sie haben den Ruck gemerkt, glaube ich, und sich von einem Tag auf den anderen mit Kartoffelbrei und Würstchen arrangiert. Meine Tochter habe ich ein Jahr lang gestillt, meinen Sohn 14 Monate. Ich kann es kaum glauben.

Im Klartext heißt das: Wenn Sie mich fragen »Stillen, ja oder nein?«, kann ich nur sagen, dass es auf alle Fälle eine große Glückserfahrung für mich war. Ich rate Ihnen zu. Unbedingt. Wohlwissend, dass es auch ungemütliche Konsequenzen hat. Man nimmt nicht so schnell ab, ich komme im nächsten Kapitel darauf. Gestillte Kinder schlafen im Vergleich zu Flaschenkindern seltener durch. Die Stillzeit ist anstrengend, geht psychisch an die Substanz.

Ich würde deshalb nie auf die Idee kommen, einer anderen Frau vorzuwerfen, dass sie nicht stillt. Für mich war es leicht, mich hat es glücklich gemacht. Ich habe aber auch den Moment ersehnt, in dem ich zu meinem Mann sagen konnte: »Baby weint. Ich bin heute Nacht nicht zuständig.« Wenn die Brustwarzen wund sind, die Mutter weint vor Schmerzen – dann würde ich es nicht wagen zu fordern, sie möge sich doch bitte etwas mehr Mühe geben. Selbst wenn eine Frau keine körperlichen Probleme hat, kann ich gut nachvollziehen, dass sie dem Stillen skeptisch gegenübersteht. Dieses monatelange Angebundensein ans Haus, auch dass der Busen, einst ausschließlich lustvolle Zone, nun eine Milchbar ist. Das muss man erst einmal im Kopf klarkriegen. Das muss manchmal auch der Vater im Kopf und woanders klarkriegen. Wobei ich finde, dass es nur die Mutter entscheiden darf, ob sie stillt – und wie lange. Die Mutter ist der Busen-Boss. Auch, wenn es »nur« um die Karriere der Frau geht, wenn sie vier Wochen nach der Geburt wieder ihre Geschäfte leiten will, ist ihre Entscheidung gegen das Stillen okay.

Wenn Sie nicht stillen wollen – trauen Sie sich! Ich habe schon gehört, dass Frauen, die nach der Entbindung im Krankenhaus sagen, dass sie nicht stillen möchten, verächtliche Blicke und verletzende Worte ernten. Wenn es Ihnen so ergeht, dann denken Sie an meine Worte. Es geht keinen etwas an, wie Sie sich entscheiden.

Vertrauen Sie Ihrem Gefühl! Wenn Sie starken Widerstand in sich spüren, dann zwingen Sie sich bloß nicht! Mit Widerwillen legen Sie garantiert keinen soliden Grundstein für die weitere Entwicklung Ihres Kindes. Selbst wenn das Stillen das Beste ist, die Nahrung aus der Flasche macht auch satt und ist gesund. Reden Sie sich nicht ein, Sie würden Ihr Kind nur mit »zweiter Wahl abspeisen«. Es gibt bestimmt in Ihrem weiteren Leben etwas ganz Tolles und Einzigartiges, was Sie und nur Sie Ihrem Kind geben können – und was beide zufrieden macht. Stillen können wirklich viele Frauen, vielleicht haben Sie eine »mütterliche« Eigenschaft, die diese Frauen nicht haben.

**Vorsicht, Falle!**
Was das Stillen angeht, stehen Sie richtig unter Beschuss. Wenn Sie nicht stillen, könnte man Ihnen immerhin vorwerfen, könnten Sie sich selbst vorwerfen, dass Sie Ihrem Kind nicht das Beste gönnen. Ich gehe davon aus, dass Sie das Beste wollen. Ich rate Ihnen auch, es mit dem Stillen zu versuchen. Wenn Sie es jedoch aus persönlichen Gründen nicht tun, seien Sie mutig und selbstbewusst.

Lassen Sie sich von keinem an den Karren fahren. Je mehr Mütter dazu stehen, desto weniger wird man sich in Zukunft trauen, Frauen, die nicht stillen, ein schlechtes Gewissen einreden zu wollen.

Wir Mütter sind gemeinsam stark in unseren Unterschieden.

Sie sind der Busen-Boss – in jeder Hinsicht!

## »Das stillst du dir weg!«

## Schluss mit dem Märchen, dass bei jeder Frau die Pfunde purzeln

Als ich mein erstes Kind erwartete, musste ich mir um meine Figur überhaupt keine Sorgen machen. Da war Hopfen und Malz schon im Vorfeld verloren, es konnte nicht schlimmer werden. Ich war nicht richtig dick, aber doch sehr weiblich. Ein so genannter »Brummer«. Ich hasse Brummer.

Ich hasste mich selbst. Ich gehörte zu den vielen Frauen, die ihre Figur nicht mögen, die sich, je nach Lebensphase, mit Diäten quälen oder das Hohelied der Verachtung des Schlankheitswahns singen. Jedes Pfund zu viel lag bei mir auf meinem Bauch und auf meinen Hüften. Die Beine dagegen waren ausgesprochen schlank, ich sah ein bisschen aus wie ein Luftballon auf Stäbchen. Die weibliche Figur-Alternative heißt: flacher Bauch, dicker Po und dicke Schenkel. Ich hätte oft gern getauscht. Die Diskussion darüber, mit welcher Anlage man besser bedient ist, wird sich hinziehen, solange es Frauen, Bäuche und Oberschenkel gibt. Jedenfalls hatte ich während der Schwangerschaft mit meinem Luftballonbauch einen großen Vorteil. Weil dieser gewissermaßen mit jedem Recht der Welt ohnehin dick und dicker wurde und meine Beine dünn blieben, erlebte ich eine modische Konjunktur sondergleichen.

Niemand wusste ja, dass ich ohne Baby auch einen Kugelbauch hatte. Ich war im gewissen Sinne richtig schlank. Die Leute sagten: »Hey, du hast ja nur einen Bauch! Bist sonst zierlich.« Ich stolzierte also eine ganze Zeit auf hohen Schuhen und in hautengen schwarzen Stretchkleidern durch die Gegend. Ich erinnere mich daran, dass Männer sich nach mir umdrehten und pfiffen. Ich fühlte mich sensationell. Bis das Wasser in die Beine schoss und aus meinen ehedem grazilen Beinen Säulen und aus meinen schmalen Fesseln grobe Stümpfe wurden. Meine Füße nahmen Yeti-Ausmaße an. Da habe ich aufgehört, wie ein Pfau zu stolzieren, mich wie ein gestrandeter Wal aufs Sofa gelegt und gewartet, dass alles wieder normal wird.

25 Kilo war ich schwerer. Ich hatte immer Hunger. Mir hat einmal eine Ärztin zugeraunt, dass das nicht sein müsse, es sei lediglich eine Frage der Disziplin. Ich kann nur sagen: Ich hatte mich überhaupt nicht im Griff, und ich finde auch nicht, dass eine Schwangere sich im Griff haben muss. Ich würde von mir sagen, dass ich regelrecht gierig war. Jeden Abend vier Kugeln Eis. Mein Mann wird nie vergessen, wie ich ihn im Büro anrief, ihn anflehte, er möge mir irgendwo Ente mit Knödeln und Rotkohl besorgen, sonst würde ich den Tag nicht überleben. Eine Stunde später überraschte er mich mit einem Tablett, auf dem genau dieses Gericht darauf wartete, von mir heruntergeschlungen zu werden. Ich war sehr gerührt.

Als ich nach der Geburt immer noch dick war, hat mich das nicht gewundert. Ich bin klaglos mit meiner Umstandshose aus dem Krankenhaus rausmarschiert. Lustigerweise fühlte ich mich »dünn«. Ein kritischer Blick in den Spiegel zeigte mir das Gegenteil. Wie ein Körper mutieren kann! Brüste wie Melonen, ein schwabbeliger Bauch, selbst die Beine hatten sich noch nicht in ihre ursprüngliche Form zurückverwandelt. Ich habe ja Sinn für Humor, ich musste wirklich lachen über dieses mollige Weiblein. Außerdem war ich in bester Gesellschaft: Jede zehnte Frau wird nach dem Kinderkriegen dick.

Gott sei Dank kam bald der Winter, und ich konnte meinen Körper verhüllen. Bitter ist es, wenn man im Sommer entbindet und sich nicht auf die Straße traut, weil man sich in einem Sommerkleid lächerlich machen würde. Wie ich schon im letzten Kapitel sagte, stillte ich und stillte ich – und wurde noch dicker. Ich aß sogar nachts, mit Vorliebe Rahmjoghurt, zum Frühstück diverse Stücke Kuchen. Ich hatte nichts anderes im Sinn als zu essen. Dabei hatten Mitmütter immer aufmunternd zu mir gesagt: »Du kannst futtern, was du willst, das stillst du dir weg!« Lüge! Sicher, das Stillen setzt Hormone in Gang, die beim Fettabbau helfen. Ich kenne auch Frauen, die schon wenige Wochen nach der Geburt über starkes Untergewicht klagten und allein deshalb abstillen »mussten«. Der Arzt hätte gesagt, sie würden sonst nicht überleben. Diese lauthalsen Bekenntnisse gefallen mir nicht, sie sind so angeberisch wie der Spruch »Hach, ich könnte immer schwanger sein«.

Und ich? Ich trug weiterhin Schwangerschaftskleidung, fraß wie ein Scheunendrescher und stillte sechs Mal die Nacht, und keiner hatte Mitleid mit mir. Stattdessen fiese Fragen: »Bist du schon wieder schwanger?« Kein Gramm habe ich mir weggestillt, die meisten Frauen, die ich kenne, auch nicht. Die sitzen noch ein Jahr später auf ihrem dicken Popo. Wie heißt es so schön über ein Baby: Ein Jahr kommt es, ein Jahr geht es (gemeint ist der Speck, der mit dem Baby einhergeht).

Das Gute daran war, dass in dieser langen Zeit des Übergewichts der Wunsch nach Schlankheit übermächtig wurde. Das gab mir unglaubliche Kraft. Es geschah das Figurwunder Ehrenberg. Nach dem Abstillen meiner Tochter habe ich in einem Jahr 22 Kilo abgenommen. Und war so schlank wie nie zuvor in meinem Leben! 58 Kilo bei 1,74 m. Größe 36 – ich kippte fast um vor Glück in der Umkleidekabine, als die Verkäuferin zum ersten Mal sagte: »Größe 38 ist zu groß. Sie sind ja so schmal.« Meine kleinste Größe war bis dahin Größe 40 gewesen. Da sehen Sie, welche Energien die Mutterschaft in mir freigesetzt hat. Es existiert ein Foto von mir, Nele an meiner Brust, ich der Inbegriff fülliger Weiblichkeit. Wenn ich dieses Foto nach der Gewichtsabnahme zeigte, erkannten mich die meisten nicht.

Es hat auch überhaupt nicht wehgetan abzunehmen – ich hatte so lange so viel gegessen, ich hatte die Nase voll. Ich ernährte mich gesund und fettarm, trank aber auch mal ein Glas Wein oder kaufte mir ein Eis. Es war alles unspektakulär. Kein Hungern, kein Leiden.

Als ich zum zweiten Mal schwanger wurde, trug ich immer noch Größe 36. Inzwischen musste ich mich nicht mehr groß zusammenreißen beim Essen, ich hatte meine Ernährung umgestellt. Jeden Morgen beim Anziehen begriff ich die Schlankheit als eines der großen Geschenke, das mir meine Tochter gemacht hat. Aufgepasst auf mein Gewicht habe ich natürlich schon, das gebe ich zu. Ich habe mich jeden Tag gewogen, hatte stets ein wenig Angst, dass ich wieder zunehme. Das ist wie mit dem Rauchen. Als ich es mir abgewöhnte, träumte ich oft, dass ich eine ganze Packung an einem Abend wegqualme, wachte morgens schweißgebadet auf. So träumte ich auch manchmal nachts, dass ich die Hose nicht über den Bauch kriege.

Als ich dann zum zweiten Mal schwanger wurde, gab ich mich der Vorstellung hin, dass ich wie Claudia Schiffer von einem Monat in den anderen gehe – und nur mein Bauch ein wenig runder wird. Und dass ich das Krankenhaus verlasse wie Claudia Schiffer – mit einer Hüftjeans in Größe 36. Wie Claudia Schiffer, wie Victoria Beckham, wie Madonna. Madonna saß nach der Geburt ihres Sohnes Rocco bei Thomas Gottschalk auf der Couch – mit der hüftigsten Hüfthose der Welt. Man hätte die Kaiserschnittnarbe sehen müssen oder ein winziges Röllchen, eine Ausbuchtung als äußeres Zeichen, dass ein Kind in diesem knochigen Leib gelebt hat – nichts. Die niedliche Schauspielerin Liv Tyler ist einer der wenigen, die nach der Geburt ihres Sohnes noch eine Art Anstandsspeck zeigte. Sie glaubt auch nicht, dass ihre Kolleginnen so ganz von selbst blitzschnell dünn sind, weil sie viel stillen und mit den Kleinen toben. Das sei Quatsch, die eine oder andere helfe mit einer Schönheits-OP nach.

Bei mir war wieder alles anders. Die Vorstellung, die Kilos nach der Entbindung einfach abschütteln zu können, war ein frommer Wunsch. Während der Schwangerschaft fiel ich noch nicht weiter unangenehm auf als Dickmamsell, aber nach der Entbindung verlangte ich majestätisch von meinem Mann, er möge mir meine Lieblingsjeans in Größe 36 mit ins Krankenhaus bringen. So verblendet war ich. Ich wollte diese Jeans unbedingt anziehen, aber ich konnte sie noch nicht einmal über die Knie bringen. Ein Schock. Alles wiederholte sich. Ich stillte, ich wurde wieder täglich dicker. Menschen fragten mich nach einem halben Jahr: »Sind Sie wieder schwanger? Oder noch?« Täglich grüßt das Mama-Murmeltier.

Diesmal nahm ich die Sache tragisch. Wenn man sich in dieser Zeit meistens zu Hause aufhält, ist es noch nicht schlimm. Wenn man aber in dieser Zeit eingeladen wird zu einem festlichen Anlass, dann wird es schwierig, geradezu dramatisch. Vor allem, wenn man einmal Blut geleckt hat, einmal bei der Hochzeit der besten Freundin in einem raffinierten Abendkleid aufgetreten ist, nichts kaschieren musste. Die schwersten Stunden, was das Ästhetische angeht, waren mein Bemühen, mich für einen hochoffiziellen Anlass angemessen zu kleiden. Ich musste sie wieder hören in den Geschäften (fast schon vergessen die schmähenden Worte): »Das haben wir nicht in dieser Größe. Das ist nicht vorteilhaft für Sie mit Ihrer stattlichen Figur.« Ich erzählte jedem, der es hören wollte oder auch nicht, dass ich einst ein schlanker Mensch gewesen sei. »Verstehen Sie, das bin nicht ich«, habe ich geschrien. »Ich bin schlank! Ich erkläre es Ihnen: Eine frischgebackene Mutter hat zwei Ichs, die erst langsam in einer Persönlichkeit und einen Körper zusammenschmelzen. Dieses Mutter-Ich da, im Spiegel, das ist dick. Mein anderes Vorher-Ich ist schlank.« Nach einem solchen Anfall war ich erschöpft, musste wieder essen. Ich habe dann für diesen Anlass ein Kostüm getragen in Größe 44.

Die Geschichte hat ein gutes Ende: Das Kostüm hängt heute geändert im Schrank, ich wiege wieder 60 Kilo und bin sehr zufrieden. Es war nach der Geburt von Elias wie bei Nele. Nach dem Abstillen wurde ich wieder schlank. Die Schwangerschaft hat der Figur auch nicht viel ausgemacht. Der Busen sieht aus wie vor den Schwangerschaften. Ist sicher nicht mehr so fest, doch auch kleiner, was mir gut gefällt. Die meisten Frauen, die ich kenne, die einen prachtvoll geformten Busen hatten, haben ihn behalten. Die Brüste, die schon vor der Schwangerschaft den Bleistifttest nicht überstanden, überstanden ihn auch nach der Schwangerschaft nicht. Ich weiß auch von Frauen, deren Busen sich verändert, das Fettgewebe kann abnehmen, der Busen wird richtig schlaff. Gerade bei Frauen mit Minibusen gibt es manchmal Probleme. Dazu kann ich nur sagen: ich finde das nicht schlimm, ich konnte mit kleinen figürlichen Veränderungen leben. Wer das nicht kann oder will, wer massiv darunter leidet, muss in sich gehen, ob er daran operativ etwas ändern möchte. Das ist völlig in Ordnung. Wir sind in jeder Hinsicht der Busen-Boss.

Ich wünsche Ihnen, dass Sie zu den wenigen Frauen gehören, die sich nach der Geburt über einen flachen Bauch und einen knackigen Busen freuen dürfen. Ansonsten erwarten Sie bitte nicht zu viel! Sie können auch nicht viel tun während der Stillzeit – versuchen Sie, geregelt zu essen, nicht ständig »Nervennahrung« wie Schokolade zu sich zu nehmen.

Machen Sie sich darauf gefasst, dass nach neun Monaten nicht von einem Tag auf den anderen alles anders wird. Nach und nach kommen kleine Fortschritte. Das ist sonst überhaupt nicht mein Motto, ich fürchte aber, was die Figur angeht, muss man das so sehen. Sie sollten sich nicht mit diesen Mütter-Glückspilzen vergleichen, die wirklich von ganz allein ihr altes Gewicht in Windeseile erreichen. Hauptsache, sie verschonen uns Frauen, die wir noch mit den Pfunden kämpfen, mit dem Spruch: »Das stillst du dir weg.«

Wie sagte eine bezaubernd schöne Freundin von mir, die vier Monate nach der Entbindung weniger wog als je zuvor: »Schwein gehabt.« Nichts von »Das habe ich weggestillt«. Schwein gehabt – das ist eine angemessene Einschätzung des Phänomens, dass manche Frauen so schnell wieder schlank sind. Damit kann ich glücklich und neidfrei leben.

**Vorsicht, Falle!**

Auch wenn »Das stillst du dir weg!« in aller Munde ist, verlassen Sie sich nicht darauf. Genauso gut kann es geschehen, dass Sie während der Stillzeit noch diverse Kilos zulegen. Halten Sie sich lieber an den Spruch: Ein Jahr kommt der Speck, ein Jahr geht er.

Betrachten Sie Ihren Körper mit Liebe und Respekt, er hat eine Mordsarbeit geleistet.

Versuchen Sie, sich gesund zu ernähren, machen Sie auf keinen Fall eine Diät. Das ist schädlich fürs Kind und schädlich für Ihre Nerven, die Sie brauchen.

Wenn Sie spüren, dass Sie jeden Tag eine halbe Tafel Schokolade brauchen – guten Appetit. Schlank können Sie noch den Rest Ihres Lebens sein!

## Nudeln ohne Sauce! Pizza ohne Käse!

Wider die Illusion von der glücklichen »Rama-Familie«

Wenn Sie Single sind, von »Verliebt, verlobt, verheiratet« träumen und am späten Sonntagvormittag bei einem ausgeruhten Frühstück Ihre Lieblingsfolgen von »Sex and the City« auf Video sehen, dann kommt vielleicht in der aus Versehen aufgenommenen Werbepause ein Spot mit der »Rama-Familie«. Ein Stich in Ihr weibliches Herz. Deutlicher haben Sie nie gesehen, was Ihnen fehlt. Voller Wehmut hängt Ihr Blick an diesen Menschen, die ihren Kindern lachend ein Margarinebrot nach dem anderen schmieren. Das Baby kaut strahlend an einer Brotkante, die älteren Kinder sind höflich, gut gelaunt, reichen die Margarine weiter. Mutter und Vater necken sich, sind offensichtlich schwer verliebt.

Seien Sie nicht traurig, und genießen Sie Ihr Single-Frühstück! Das ist eine Illusion, die Ihnen da verkauft wird. Ich esse sehr gern, und ich liebe Kinder. Aber *essen mit Kindern* – das ist, wenn sie noch klein sind, der Horror. Selbst das Servieren des von allen Kindern geschätzten Gerichts Nudeln endet im Chaos. Sie rufen: »Ihr Süßen, es gibt Nudeln, kommt bitte zum Essen.« Die Kinder rufen: Ja, wir wollen Nudeln! Aber ohne Sauce! Wir hassen Sauce.«

Traurig starren Sie auf die brodelnde Bolognese-Sauce, die stundenlang auf dem Herd geköchelt hat. War es nicht so, dass Kinder am liebsten Nudeln mit Tomatensauce essen?

Kinder sind kein großer Freund von internationalen Spezialitäten. Mein Sohn mag Sushi, das ist eine große Ausnahme. Käse hasst er. Er wirft sehr gern Dinge durch die Gegend, und wenn ich ihm Käse gebe, fragt er listig: »Kann ich werfen?« Ehe wir uns versehen, hat jemand aus der Familie ein Stück Appenzeller am Kopf. Auch wirklich nette und wohlerzogene Kinder kippen während einer normalen Mahlzeit ihren Apfelsaft mehrere Male um, stehen auf, rennen herum, verfallen in einen Redeschwall. Ich kann Ihnen sagen, dass ich schon des Öfteren meinen Teller genommen und mich verdrückt habe. Die Kinder merken das gar nicht.

Daran muss man sich erst einmal gewöhnen als zivilisierter Mensch, der den Frieden und das anspruchsvolle Gespräch bei der gemeinsamen Mahlzeit mit seinem Partner und mit Freunden schätzt. Vor allem in den ersten Wochen, wenn der Alltag mit einem Säugling überhaupt nicht planbar ist, kann man streng genommen nur unter Ausnahmebedingungen Nahrung zu sich nehmen. Selbstbestimmtheit ist eine Befindlichkeit, von der Sie sich zunächst verabschieden müssen. Die Geburt ist erst einmal der letzte Akt der Selbstbestimmung. Sie sollten das vor Augen haben, wenn Sie Mutter werden wollen!

Ich erlebte neulich eine Frau, die bei einer Familienfeier ein dreigängiges Menü bestellt hatte und die Vorspeise verspeisen wollte. Ich sah in ihren Augen diese wilde Gier, die nur richtiger Kohldampf mit sich bringt. Ihr Baby, etwa ein halbes Jahr alt, ließ es nicht zu, dass sie aß. Es wollte auf den Schoß, quengelte, patschte mit seinen dicken Händchen in den Salat. Der Vater war nicht zur Stelle. Die Mutter brach weinend zusammen, flehte ihre Verwandten an, sie mögen ihr sofort das Kind abnehmen. Eisiges Schweigen im Saal, Unverständnis. Ich konnte diese Mutter gut verstehen.

Merken Sie sich: Ein Baby brüllt, sobald man sich den ersten Happen in den Mund gesteckt hat. Zu warten, bis es schläft, macht deshalb keinen Sinn. Sie verhungern. Das Baby ist stärker. Deshalb ist die Wahrscheinlichkeit groß, dass es erwacht, wenn Sie sich aufs Essen stürzen wollen. Ein Baby hat dafür einen untrüglichen Instinkt. Sie sollten auch nicht zwischen Tür und Angel essen, sondern sich richtig Zeit nehmen. Sie brauchen als junge Mutter Ihre Kräfte. Nur: *Wie essen?*

Man muss erst einmal Abschied nehmen vom Bild des glücklichen Werbeidylls. Absurd: Sie gründen eine Familie, wollen mit ihr leben und den Alltag teilen – und nehmen erst einmal Abstand von diesem Ideal. Dass das Mutterwerden und Muttersein teilweise paradox ist, habe ich schon anfangs gesagt.

Meine Devise lautet: Solange die Mutter stillt, isst sie zuerst, die anderen halten ihr das Baby vom Leibe. Diese Form des Essens steht natürlich im Widerspruch zu dem herrlichen Familienessen aus dem Fernsehen. Doch es geht am Anfang nicht um Esskultur, es geht darum, dass Sie etwas zwischen die Kiemen kriegen!

Mein Mann und ich haben uns einmal einen Babysitter gegönnt, um am Sonnabend gemeinsam zu frühstücken.

Während ich zum ersten Mal seit Monaten ein Croissant ohne Pause aß, schob die Sitterin unseren Kleinen durch den Park, begleitet von der Älteren. An den Genuss dieses Croissants werde ich mich noch als Rentnerin erinnern.

In den Zeiten, als die Kinder noch nicht so sehr im Mittelpunkt standen wie heute, als vieles falsch gemacht wurde, aber auch vieles richtig, haben Kinder oft in einem anderen Raum gegessen, bis sie in einem halbwegs vernünftigen Alter waren. Ich kann dieser Vorstellung durchaus etwas abgewinnen und gelte bei vielen allein deshalb als Rabenmutter. Ich sagte es schon: Den Kindern schmeckt es auch besser, wenn sie schreien und herumsauen können in einer pflegeleichten Umgebung. Ich glaube, Kinder sind lieber unter sich beim Essen. Wenn sie in das erziehungsfähige Alter kommen, sieht die Sache anders aus. Aber bei einem Kleinkind ist man auf verlorenem Posten.

Kinder sind eben eine relativ lange Zeit in ihrem Leben ein Faktor der Unberechenbarkeit, sie bringen Chaos mit sich. Wenn sie zur Schule gehen, ist das alles vergessen. Ich kann Ihnen versichern, dass es heute für mich ein Genuss ist, mit meiner Tochter Nele zu essen. Es ist bei Nudeln ohne Sauce geblieben, doch wir unterhalten uns, führen eine gepflegte Tischkonversation. Nur Elias schreit noch »Spartakus« (eine Art Kampfschrei) und wirft. In den ersten Jahren muss man einen Weg finden, mit dieser kindlichen Art umzugehen. Auch wenn es schwierig ist, schließlich gab es im Leben vor dem Kind für fast alles eine Lösung. Mit Kindern läuft das anders: Sie funktionieren nicht. Sie machen das, was man nicht erwartet. Das ist in Ordnung, das ist das Wesen der frühen Kindheit. Fast tut es ein bisschen gut, auch selbst einmal sieben gerade sein zu lassen. Das Chaos kriegen Sie Jahr für Jahr ein wenig besser in den Griff: durch Erziehung.

Sie sind als Mutter von kleinen Kindern zu fast 100 Prozent fremdbestimmt – beim Verzehr einer köstlichen Dorade im Restaurant wie im Alltag. Auf die Toilette gehen, duschen, telefonieren – das muss generalstabsmäßig geplant werden. Da wundert sich so manche Mama, wie genervt sie ist, wie wenig glücklich mit ihrem Wunschkind. Mein Tipp, was das Essen angeht: Erwarten Sie nicht viel von diesem Familienevent »gemeinsame Mahlzeit«. Spachteln Sie bei jeder Gelegenheit, die sich bietet. Suchen Sie sich Hilfe, reißen Sie sich nicht zusammen. Für meine Freundin Steffi war es zum Beispiel immer Ehrensache, dass sie mein Baby auf den Arm nahm, wenn wir zusammen aßen und mein Baby schrie.

Wovon ich dringend abrate, ist der Besuch von Restaurants. Auch mit freundschaftlichen Helferlein geht es nicht. Da steht man doppelt unter Druck – die anderen Gäste sind natürlich auch ungehalten, wenn sie sich ein schönes Essen gönnen wollen, und da quakt die ganze Zeit ein Kind oder ein Zweijähriger rennt durchs Lokal. Das hat nicht unbedingt etwas mit Kinderfeindlichkeit zu tun! Ich bekomme auch die Krise, wenn ich »frei« habe, essen gehe und an einem Tisch mit Kindern sitze. Da lächele ich verkniffen und schleiche mich weg. Selbstverständlich hat jedes Kind auch Tage, wo es einfach klappt. Wir waren mit Elias in einem Steakhaus, als er gerade zwei Jahre alt war. Weder warf er, noch schrie er »Spartakus«. Er saß sehr brav und ruhig in seinem Stuhl und aß. Das war wie in der Werbung! Schön.

Eine Bekannte von mir, die es sich leisten kann, das muss man dazu sagen, nimmt sich am Wochenende immer einen Babysitter, wenn sie mit ihrem Mann essen will. *Zu Hause.* Wenn Sie sich das vor Augen führen, dann wissen Sie ungefähr, wovon ich spreche. Diese Frau würde niemals mit Kindern in ein Restaurant gehen – außer in die, die extra für Kinder gemacht sind.

Es gibt Eltern, die kommen vorbildlich klar mit dem Alltag, mit Restaurantbesuchen. Vielleicht haben sie einfach Nerven aus Stahl. Manche kleinere Kinder haben auch eine große innere Ruhe, man setzt sie sich auf den Schoß und isst. Umständlich, doch man wird satt. Oft ist es aber so, dass gerade Frauen überhaupt nicht dazu in der Lage sind, ihre Sprösslinge als Nervensägen zu sehen. Nicht, weil sie nicht nerven, sondern weil die Mütter a priori ihre Kinder als Geschenk an die Welt sehen. Sie sind ein Geschenk, ohne Frage. Aber sie nerven auch. Und am meisten nerven die, die von ihren Müttern nie ein »Nein« hören, die es gewohnt sind, im Lokal unter dem Tisch andere Gäste zu ärgern und ihnen ins Bein zu beißen. Ich weiß es von Kellnern, die die leidvollsten Geschichten zu erzählen haben. Die Kinder wuseln ihnen zwischen den Beinen herum, sie stolpern mit der Suppe, und die Mutter regt sich auf, wenn das Kind einen Tropfen heiße Suppe auf den Kopf bekommen hat.

Kommen wir zu einem anderen Lieblingsthema der Werbung: Familienurlaub. Auch da gibt es Werbespots, die erzählen Geschichten von einsamen Stränden und frohen Familien. Mütter dösen, das Baby schläft unter einem Sonnenschirm, die älteren Geschwister spielen Ball, der

Vater liest. Auch hier gibt es große Abweichungen zur Realität. Gelesen haben mein Mann und ich kaum in den letzten Jahren, auch nicht in der Sonne gelegen. In den anderen Urlauben meines Lebens hatte ich zehn Bücher im Koffer. Ich kann mich mit Kleinkindern im Urlaub an keine Stunde erinnern, in der ich auf meinem Hintern gesessen hätte. Allein am Strand: Meine Kinder haben noch nie »gesandelt«, mit einer kleinen Schaufel und einem Eimerchen gematscht. Sie laufen weg, getrieben von einem Drang, sich möglichst weit vom Strandkorb zu entfernen. Ich will Ihnen keine Angst einjagen: Es gibt Kinder, deren Leidenschaft ist das Sandeln. Und Ihr Urlaub ist weitgehend gerettet.

Vergessen wir aber nicht die anderen elterlichen Aufgaben im Urlaub. Wenn man ein Appartement bewohnt, hat man die gleichen Aufgaben wie zu Hause, ist den ganzen Tag auf Trab: waschen, kochen, Mensch ärgere dich nicht spielen. Der Unterschied zu den Ferien als Kinderlose ist eklatant: Die Arbeit fällt weg, der Tag liegt Ihnen zu Füßen. Urlaub bedeutet Freiheit.

Besonders qualvoll ist für mich das frühe Aufstehen. Wir kommen im nächsten Kapitel zu Kindern, die schlecht schlafen. Die meine ich hier nicht, die richtig schlechten Schläfer. Hier geht es um jene, die einen in der Nacht in Ruhe lassen – bis 5.30 Uhr oder spätestens sechs Uhr. Egal, ob Sie am Abend davor mit Ihrem Mann bis spät in die Nacht auf dem Balkon gesessen haben und sich freuten, dass man einmal Zeit zum Reden hat und es nicht regnet. Sie müssen aufstehen in aller Herrgottsfrüh, möglicherweise verkatert Bücher vorlesen, Halma spielen, toben.

Über ein Hotel mit Halbpension brauchen wir nicht zu reden. Hotels sind teuer, das Geschrei im Speisesaal ist noch anstrengender, als in der eigenen Küche zu sein. Ein Club mit Kinderbetreuung ist prinzipiell eine sehr gute Sache – aber richtig kostspielig und für Durchschnittsverdiener kaum zu bezahlen.

Wie kommen Sie also zu Ihrem Recht auf Entspannung? Wenn Sie für sich entschieden haben, dass Sie das brauchen. Ich weiß, dass es viele Familien gibt, deren familiäres Selbstverständnis es ist, immer zusammen zu sein, die seit der Geburt der Kinder keine Minute allein verbracht haben, erst recht nicht zu zweit. Nun, die Menschen müssen wissen, was sie tun. Ich gehe davon aus, dass Sie eher zu der Vielzahl von Menschen gehören, die einfach mal die Tür zumachen müssen, gerade in der Freizeit, im Urlaub. Die Rettung kann nur von dritter Seite kommen. Eine Mutter und ein Vater allein schaffen es meiner Meinung nach nicht. Sie überleben es nur.

Wir sind am Anfang mit den Großeltern verreist, die uns zwei bis drei Stunden am Tag unter die Arme gegriffen haben. Das ist wenig Zeit, wenn man bedenkt, dass der Tag mit Kindern 24 Stunden hat. Hätte mir jemand mit 18 gesagt, dass ich meine Eltern eines Tages anflehe, mich in den Urlaub zu begleiten, ich hätte es nicht geglaubt. Durch die Kinder rückt man tatsächlich wieder zusammen mit den Eltern, ich erlebe das durchgehend als Bereicherung für meine Kinder und mich. Nicht nur, dass sie mich unterstützen, ich beobachte die Liebe zwischen Großeltern und Enkeln mit großer Rührung. Das ist so wichtig für Kinder. Als mein Mann und ich einmal unsere Kinder von

Opa und Oma abholten, wo sie zwei Tage verbracht hatten, sagte ich: »Ich freue mich so sehr, sie wieder zu Hause zu haben.« Mein Mann: »Bei den Großeltern ist auch ihr Zuhause.« Da hat der Mann Recht.

Das gemeinsame Reisen mit den Eltern ist ein Segen. Ein Mittagsschläfchen, ein Spaziergang mit dem Mann am Strand, 20 Seiten lesen. Oma kümmert sich gelegentlich ums Mittagessen, Opa spielt mit den Kindern Fußball – herrlich. Alle haben etwas davon. Vor allem die Mutter. Und die muss und soll und darf Urlaub haben – ganz für sich, als eigenes Wesen mit eigenen Bedürfnissen. Stellen Sie sich gut mit den Eltern und Schwiegereltern, besinnen Sie sich auf das Miteinander in einer Großfamilie! Sicher, Sie müssen sich arrangieren, doch das ist ein kleiner Preis für ein großes Glück.

Eine hervorragende Alternative ist der Urlaub mit Freunden. Da ist es sogar drin, dass ein Paar abends bis in die Puppen ausgeht (zu zweit!), ein anderes Paar passt auf die Kinderschar auf. Das klappt mit Glück auch morgens, ein Paar darf im Bett bleiben, die anderen versorgen deren Kinder mit. Das geht nur mit aufgeschlossenem Nachwuchs, der sich überhaupt von einer anderen Person ein Marmeladenbrot schmieren lässt. Bei manchen funktioniert das überhaupt nicht, die bekommen einen Anfall, wenn nicht die Mutter den Tisch deckt.

Ihnen fällt sicher auf, dass ich Ihnen immer wieder damit komme, andere Menschen an Ihre Kinder zu lassen, sich nicht auf diese Vereinzelung und Abkapselung einzulassen, die Mütter ins unglückliche Abseits stellt. Der Preis für diese vorgeblich selbstlose Mütterlichkeit ist jedenfalls in den ersten Jahren, dass man nichts ohne die Kinder machen kann. Und später folgt unendliche innere Leere, wenn die Kinder aus dem Haus sind. Man kann sich dann selbst nicht mehr aushalten, weil man nach Jahren zum ersten Mal wieder mit diesem Selbst konfrontiert wird, mit dem, was davon übrig geblieben ist zwischen Windel und Staubtuch.

Mein Rat an Sie im Alltag und im Urlaub: Pflegen Sie bitte sorgfältig Ihr erwachsenes Ich, bei jeder sich bietenden Gelegenheit. Rufen Sie es auf: Wo bist du? Wer bin ich? Wenn Sie gerade zum zehnten Mal während der Ferien auf einem Spielplatz sind, dann erinnern Sie sich: Hast du früher im Urlaub nicht gern Museen besichtigt? Gemalt? Komponiert? Was auch immer in Ihrer Vergangenheit Ihre Freizeit bestimmte – es darf nicht ganz wegfallen! Beziehen Sie Ihr Umfeld in Betreuung und Erziehung mit ein. Ihre Kinder werden Sie dafür lieben und noch besser gedeihen.

Kinder pur und immer sind zu viel für eine Frau. Eine glückliche Mutter kann es sich nicht leisten, Einzelkämpferin zu sein. Es gibt ein wunderbares afrikanisches Sprichwort, das sollten Sie sich hinter die Ohren schreiben: Um ein Kind ordentlich zu erziehen, braucht es ein ganzes Dorf.

**Vorsicht, Falle!**

Der Wunsch nach einem Kind ist immer auch ganz stark der Wunsch nach einer Familie, nach einem Verbund, der einen durchs Leben trägt, all die alltäglichen Handlungen in ein harmonisches Licht taucht. Keine Mahlzeit mehr allein verbringen, erst recht nicht zu Weihnachten oder an anderen Feiertagen. Das ist eine verheißungsvolle Aussicht.

Bedenken Sie, dass diese Art von Geselligkeit in den ersten Jahren mit den Kindern mehr Kraft erfordert, als Glück schenkt. Pragmatismus und Humor sind hier mehr gefragt als Sentimentalität.

Vielleicht nehmen Sie die eine oder andere Mahlzeit doch lieber allein ein. Ich finde das nicht unmütterlich, sondern zutiefst menschlich.

## »Jedes Kind kann schlafen lernen«

### … und weshalb viele Kinder es dennoch nicht tun

Wenn nicht so viele Kinder derart miserabel schliefen, gäbe es mehr Kinder in Deutschland. Das sagen erfahrene Mütter, die zu der Gruppe von leidgeprüften Frauen gehören, deren Kinder jeden Abend und jede Nacht Terror machen. Dito. Für mich ist die Schlaflosigkeit der wundeste Punkt in meinem Leben als Mutter. Heute, wo meine Kinder aus dem Gröbsten raus sind, verheilen langsam die Wunden. Bei allen anderen Schwierigkeiten hilft mir mein Humor – beim Schlafentzug hilft nichts, außer Schlaf.

Wenn es in diesem Bereich nicht klappt, läuft die Mutter-Kind-Schlafbeziehung irgendwann auf ein Arrangement hinaus, das den Ärger auf beiden Seiten nur noch in Grenzen hält. Denn jeden Abend Terror (»Ich bin nicht müde!«) plus Schlaflosigkeit in der Nacht (»Kann ich in dein Bett?«) – das hält keine Mutter lange aus. Für die üblichen Kompromisse wird der verhängnisvolle Grundstein in den ersten Monaten gelegt. 1. Die Mutter bleibt bei den Kindern, wartet, bis sie eingeschlafen sind, legt sich auf den Fußboden, hält Händchen. 2. Die Kinder besetzen gleich das Ehebett. 3. Man trägt die Kinder in den Schlaf, singt eine Stunde lang Schlaflieder. Es soll auch Menschen geben, die mit dem Auto nachts durch die Gegend fahren, damit das Baby endlich schläft.

Die Väter kriegen von diesen Dramen am Anfang oft nichts mit, schlafen unbekümmert weiter. Mütter hören das Geschrei viel eher, schlafen den so genannten leichten »Ammenschlaf«. Dagegen ist auch nichts zu sagen in der ersten Zeit. Ich habe das immer so gesehen: Da ich von zu Hause aus arbeite, kann ich mich theoretisch am Tag eine Stunde hinlegen. Mein Mann jedoch muss den ganzen Tag fit sein, kann es sich nicht leisten, in einer Konferenz einzuschlafen. Besonders während der Stillzeit, wo der Mann ohnehin nichts tun kann, wenn das Baby aufwacht und trinken will, finde ich es nachgerade absurd, wenn der Mann aus »Solidarität« mit aufstehen soll. Dass Kinder während der ersten Monate einige Male in der Nacht wach werden, das kann man auch erstaunlich gut aushalten, die Hormone verleihen der Mutter Bärenkräfte. Aber nach etwa einem Jahr spürt man mehr und mehr, dass die Batterie leer ist. Wenn die Kinder dann immer noch nicht durchschlafen, muss der Vater natürlich mit ran.

Jedenfalls gibt es Kinder, bei denen sieht es so aus, als sei es ihre größte Aufgabe, die Welt vom Schlaf zu befreien. Einer der ersten Sätze meiner Kinder war: »Ich möchte nicht schlafen.« Oder: »Schlafen ist so langweilig.« Meine Kinder strotzen vor Energie, vielleicht eine Sache der Vererbung, mein Mann schläft ebenfalls sehr wenig. Im zarten Alter von zwei Jahren haben meine Kinder keinen Mittagsschlaf mehr gehalten. Ich hatte keine Pause. Ich kenne Mütter, deren Kinder kommen mit vier Jahren mittags aus dem Kindergarten, schlafen dann bis 16 Uhr und werden um 21 Uhr wieder hingelegt. Wenn ich solche Kinder hätte, würde ich ein Kind nach dem anderen bekommen. Ich kann wirklich ein Lied davon singen, wie es ist, wenn es immer wieder wegen des Schlafens Theater gibt. Da einem jeder an den Augenringen und dem verzweifelten Gesichtsausdruck ansieht, dass man eine schlaflose Mutter ist, fehlt es nicht an guten Ratschlägen. Die laufen im Prinzip alle auf dasselbe hinaus: Die Mutter ist selbst schuld. Jedes Kind kann schlafen lernen. Wenn die Mutter es will, da haben wir es wieder.

Es gibt ein berühmtes Buch mit genau diesem Titel – und die Botschaft ist klar und wahr. Jedes Kind kann es! Du musst nur stramm folgende Regeln beherzigen: Nach einem festgelegten Ritual, das jeden Abend durchgezogen wird: waschen, Zähne putzen, vorlesen, singen, Stofftier ins Bett legen, beten. Kind hinlegen. Den Raum verlassen. Wichtig: das Kind muss beim Hinlegen wach sein und von selbst in den Schlaf finden. Ich kann Ihnen versichern: So ist das. So würde es funktionieren, wenn überhaupt dann nur so. Alle Kinder, die ich kenne, die gut schlafen, sind auf diese Weise konditioniert worden. Oder die Schlaffähigkeit hat sich sogar von selbst ergeben, weil die Kinder unkompliziert sind.

Damit eröffnen sich ungeahnte Dimensionen: Es ist möglich, die Kinder um 19 Uhr ins Bett zu schicken. Geschwister erzählen sich noch etwas, kichern ein wenig, gucken an die Decke, machen schließlich die Äuglein zu. Die Mutter kann eine leckere Mahlzeit für sich und den Mann zubereiten und entspannt mit ihm den Abend verbringen. Eine glückliche Ehe – eine glückliche Familie. Morgens muss man die Kinder wecken, weil sie solche Langschläfer sind.

Ich kenne es anders. Meine Kinder ließen sich nie hinlegen. Ich habe sie auch bis zur Schulzeit nicht wecken müssen. Mein Sohn bricht alle Rekorde und beginnt seine persönliche Rennstrecke auf dem Bobbycar morgens um 5.30 Uhr. Ich habe redlich versucht, das Schlafprogramm einzusetzen, konnte es aber nicht in die Tat umsetzen. Dazu gehört, dass man die Kinder eine angemessene Zeit schreien lässt, was völlig okay ist. Ich habe es trotzdem nicht geschafft. Stattdessen habe ich gejammert und gezetert. Ich mochte mich schließlich selbst nicht mehr, weil ich innerlich zerrissen war.

Ich habe in der schlimmsten Zeit der Schlaflosigkeit meinen Mann und alle Menschen, von denen ich hoffte, dass sie es gut mit mir meinen, schluchzend gebeten: Schenkt mir Schlaf – bitte! Schlafentzug ist eine Foltermethode – es kann einen Menschen sehr verändern, wenn er sich nicht ausschlafen kann. Ich hatte Visionen von mir selbst, wie ich in einem großen Bett liege, in frisch bezogener Bettwäsche, nur mein Haarschopf guckt heraus, und wie ich schlafe und schlafe. Ich erinnere mich an ein Weihnachtsessen, wir saßen bei den Schwiegereltern, und ich bekam beim Dessert einen Weinkrampf vor Müdigkeit. Meine Schwiegermutter war irritiert und lächelte verlegen ob dieses Ausbruchs – ich habe dann einen Schreianfall bekommen, einen richtigen Nervenzusammenbruch.

Seit dieser Zeit weiß ich, wer wirklich mein Freund ist. Dazu gehörte jeder, der mich mit oberklugem Geschwätz verschonte (»Packst du auch ein Schnuffeltuch ins Bett? Hast du versucht, das Baby einfach hinzulegen?«) und sagte: »Birgit, leg du dich hin, ich passe auf die Kinder auf.«

Ich habe nichts unversucht gelassen, ist doch klar. Ich kenne alle Tricks. Dazu gehören angeblich Schnuffeltücher. Ich besitze so viele, ich könnte damit ein Fußballfeld auslegen. Ich habe mir die Dinger unter den Busen geklemmt, damit sie nach mir riechen. Nichts zu machen. Oder Stofftiere – etwa 80 Stück lagen zeitweise in der Wohnung. Ich legte sie meinen Kindern in den Arm, sie schmissen sie aus dem Bett. Auch Schnuller sollen beim Einschlafen helfen. Dass ich nicht lache. Von jeder Firma eine Hand voll hatte ich im Gebrauch. Sie wurden alle verächtlich ausgespuckt.

Ich habe selbstverständlich alles gelesen zu dem Thema, alles ausprobiert – außer Schlafmittel. Es war für mich eine Frage des Überlebens. Wie oft habe ich die Kinder *hingelegt.* Einmal ist mein Sohn, der schon mit zehn Monaten aus seinem Bettchen klettern konnte, 25 Mal herausgestiegen. 25 Mal habe ich ihn zurückgebracht. Ich habe es nicht übers Herz gebracht, die Tür abzuschließen, so dass er nicht aus dem Zimmer kann.

Wer ist »schuld« an dem Drama schlaflose Nächte? Ich bin bereit, mich stellvertretend für alle anderen hilflosen Mütter schonungslos zu analysieren, damit Sie aus meinen Fehlern lernen können. Ich sagte es schon: Am Anfang ist jede Mutter relativ schlaflos – jede stillende Mutter muss einige Male in der Nacht hoch. Manche Kinder schlafen dann sofort weiter, wenn sie satt sind, andere brauchen noch Zuwendung in irgendeiner Form. Meine Kinder haben immer weitergeschlafen – aber am Busen. Das soll nun schon der erste Knackpunkt sein: Die Kinder müssen wach sein, dann ohne Hilfsmittel einschlafen, vor allem ohne das Hilfsmittel »Mama«. Alles andere, mit dem das Kind sich beruhigt, Schnuller, Daumen, Teddy, ist okay.

Wie kann ich einen Säugling davon abbringen, am mütterlichen Busen einzuschlafen? Wachrütteln? Niemals ein Baby rütteln! Das ist eine der Säulen der Babybehandlung. Es ist mir ein Rätsel, wie ein schlafendes Baby wach ins Bett gelegt werden kann. Meine Kinder sind auch noch mit einem halben Jahr am Busen eingeschlafen. Ich konnte sie dann immer *hinlegen.* Sie sind nicht wieder aufgewacht. Sie waren wie betäubt von einer Überdosis Milch. Und selig.

Da habe ich wohl schon den Keim gelegt für die verhängnisvolle Schlaflosigkeit – sagen die Bücher, sagen die anderen Mütter, deren Kinder schlafen wie die Bären. Doch was wäre für mich die Alternative gewesen? Mir fällt keine ein, außer: nicht zu stillen.

Ich bin inzwischen sicher, dass es nicht immer einen direkten Zusammenhang zwischen Hinlegen und Schlafen gibt, eine absolute Wenn-dann-Implikation. Ich kenne Mütter, die haben ihre Kinder gestillt, sie schliefen trotzdem nicht am Busen ein, kamen wach ins Bett – schliefen nach sechs Wochen durch. Ich kenne Mütter, deren Kinder immer am Busen einschliefen – und eines Tages haben diese Mütter ihre Kinder wach hingelegt. Und es war gut. Sie schliefen. Ich habe eines Tages meine Kinder auch wach hingelegt, als sie nicht mehr gestillt wurden. Und es war nicht gut. Und es wurde nicht gut.

Mein Tipp: Halten Sie sich an das berühmte Schlafprogramm aus dem Buch »Jedes Kind kann schlafen lernen« von Annette Kast-Zahn und Hartmut Morgenroth. Ich sagte es schon: Im Großen und Ganzen geht es darum, die

Kinder schreien zu lassen, wenn sie nicht schlafen wollen oder nicht allein in ihrem Bett einschlafen wollen. Sie sollen die Entschiedenheit der Eltern spüren: So geht es nicht weiter. In regelmäßigen, immer länger werdenden Abständen (das sind nur Minuten, die einem allerdings wie Stunden vorkommen) gehen Sie dann ins Kinderzimmer, vermitteln dem Kind das Gefühl der Sicherheit, gehen wieder hinaus. Nach kurzer Zeit, maximal zwei Wochen, lernt das Kind, von allein einzuschlafen. Und durchzuschlafen. Nachts müssen Sie dieselbe Methode durchziehen. Bei ganz vielen Kindern klappt das! Ich drücke die Daumen.

Rational gesehen bin ich sicher, dass kein Kind Schaden daran nimmt. Obwohl ich in der letzten Zeit den einen oder anderen Artikel gelesen habe, der diese Methode kritisiert: zu lieblos. Dies ist kein wissenschaftliches Buch, ich kann Ihnen nur meine Meinung und die vieler anderer Mütter sagen. Ich denke, man sollte das Programm beherzigen. Ich habe es allerdings nicht geschafft. Einen Grund gab es immer, dass wir in unserer Familie das Schlaf-Schrei-Programm nicht realisieren konnten. Mein Mann zum Beispiel ist oft beruflich unterwegs, allein ist es unendlich anstrengend, das Programm durchzuhalten. Wenn das Kind krank ist, muss es auch geschont werden. Ein fiebriges Kind darf man damit nicht konfrontieren. Und wie oft sind kleine Kinder fiebrig. Als wir mit unserem Sohn wirklich ernsthaft das Schlafen trainieren wollten, hat uns unsere Tochter einen Strich durch die Rechnung gemacht. Sie konnte sein Geschrei nicht aushalten, schrie mit. – Ergebnis: Wir lagen mit beiden Kindern im Bett, um sie zu beruhigen.

Meine Tochter hat mit drei oder vier Jahren einmal zu mir gesagt: »Mama, warum soll ich allein schlafen? Ihr Erwachsenen wollt doch auch nicht allein schlafen.« Recht hat das kleine Mädchen, oder? Was soll ich entgegnen auf diese weise Äußerung? Sie kuscheln sich doch auch gern an Ihren Mann vorm Einschlafen. In vielen Kulturen schlafen die Kinder lange Zeit im Bett der Eltern. Heute noch liege ich oft mit meinen Kindern im Bett. Mein Sohn hat noch nicht richtig realisiert, dass er überhaupt eine eigene Schlafstätte hat. Meine Mitmenschen sagen: »Ja, wenn es für euch okay ist, müsst ihr es so machen.«

Was heißt »okay«? Ich liebe es, mit meinen Kindern in einem Bett zu schlafen, sie zu spüren, zu riechen. Sie wühlen aber auch unglaublich herum. Wenn ich am Sonntagabend »Tatort« sehen will – und meine Tochter kommt zum x-ten Mal aus dem Bett, weil sie in meiner Nähe einschlafen will, dann platzt mir manchmal schon der Kragen. Oder wenn wir abends Gäste haben, mit ihnen bei Tisch sitzen und in Ruhe Erwachsenengespräche führen wollen – und links von mir sitzt ein Zweijähriger, der ausgesprochen munter dazwischenquatscht.

Also – »okay«, das ist etwas anderes. Ich könnte und würde mir ein anderes Schlafverhalten bei meinen Kindern wünschen. Aber ich komme inzwischen damit klar, weil ich meine Position dazu gefunden habe. Ich lasse mich von keinem Buch und von keiner Mitmutter mehr verunsichern. Es ist, wie es ist. Außerdem sind meine Kinder in ganz vielen Punkten »pflegeleichter« als andere Kinder. Sie haben immer gute Laune, sie beschäftigen sich stundenlang selbst, spielen vor sich hin. Grandios. Nicht dass Sie denken, ich will mir etwas schönreden oder ich lasse mir gar von den Kindern auf der Nase herumtanzen. Überhaupt nicht. Ich bin eine konservative Mutter, setze Grenzen. Doch die Sache mit dem Schlafen habe ich nicht hingekriegt. Ein bisschen Theater haben wir immer. Meine Tochter versteht mittlerweile meine Not, wenn sie nicht schlafen will, entschuldigt sie sich. Immerhin.

Unser Kinderarzt hat zu diesem Thema etwas sehr Bemerkenswertes geäußert. Er wundert sich immer wieder in seiner Praxis über den generellen Anspruch, dass kleine Kinder in puncto Schlaf keine Probleme machen dürfen. Er sagt: Man könne nicht alles haben mit Kindern – nie. Vor allem aber sei Schlaflosigkeit bei frisch gebackenen Müttern keine selbstverschuldete Ausnahme, sondern anthropologisch gesehen *die Regel.* Eine Mutter mit Ringen unter den Augen sei keine singuläre Erscheinung. Unnormal sei, dass Mütter so wenig Verständnis fänden in dieser ersten Zeit. Dass es zu wenige Menschen im Umfeld gibt, die sich mit um das Kind – und vor allem um die Mutter – kümmern.

In anderen Ländern Europas wie Frankreich und England ist es nicht nur in der Oberschicht üblich, sich in der verflixten ersten schlaflosen Zeit von Nachtschwestern, Nannys und bezahlbaren Babysittern helfen zu lassen. Es gibt dort ein großes Angebot an Agenturen, die Unterstützung vermitteln, und sie in Anspruch zu nehmen, ist völlig selbstverständlich. Keine Frau plagt sich mit dem Gedanken, sie müsse es allein schaffen.

Ich lasse einen großen Teil meiner Einnahmen in Babysitter fließen. Einer der besten, eine ältere Dame, ein Engel, lässt die Kinder auch bei sich übernachten. Sehen

Sie zu, dass Sie auch solche Menschen um sich herum haben, wenn Sie am Ende sind und in Ihrem persönlichen Umfeld keiner ist, der helfen kann: Schauen Sie im Telefonbuch oder im Internet nach einem »Oma-Hilfsdienst« oder einer anderen Institution (einer kirchlichen zum Beispiel), die jungen Müttern hilft. Das kostet nicht die Welt, oft nur wenige Euro die Stunde. Bevor Sie sich den Kopf zerbrechen, warum Ihr Kind nicht schläft – schlafen Sie erst einmal gut. Legen Sie sich hin!

**Vorsicht, Falle!**

Wenn Sie während der Schwangerschaft überhaupt Ratgeber außer diesem lesen, greifen Sie zu dem Buch »Jedes Kind kann schlafen lernen«. Wappnen Sie sich mit dem dort vorgestellten Schlafprogramm.

Beziehen Sie Ihren Partner mit ein oder Mutter oder Freundin. Dann gehen Sie die Sache strategisch an. Vom ersten Tag an, überlassen Sie beim Schlafen nichts dem Zufall.

Behalten Sie jedoch meine Worte im Hinterkopf: Wenn nichts geht, dann geht nichts. Dann arbeiten Sie mit Provisorien, lassen Sie sich bitte nicht kritisieren (»Du hast es ja gar nicht richtig versucht«).

Kinder sind nicht dressierbar. Die Schlaffähigkeit der Kinder ist nichts, was nur in der Geschicklichkeit Ihrer mütterlichen Hände liegt. Manches entzieht sich unserer Kontrolle. Dann dürfen wir kapitulieren, ohne gescheitert zu sein.

## **Die »Zwei-Mal-die-Woche«-Lüge:**
## Warum sich das erotische Glück einer Mutter nicht in Zahlen pressen lässt

Ich weiß nicht, wie oft ich mich mit meinen Mütter-Freundinnen über das Thema »Wie oft schläfst du mit deinem Mann?« unterhalten habe, wie viele Leserbriefe ich schon in der Hand hatte, von Männern oder Frauen, die von mir wissen wollten, wie viel Sex »normal« sei. Wie viel Sex – ich kann es nicht mehr hören.

Umso froher bin ich, etwas Licht in dieses Dunkel bringen zu können und so manches Vorurteil zu Gunsten einer glücklichen weiblichen Existenz aus der Welt zu schaffen. Gott sei Dank hat schon der Bestsellerautor Michael Mary in seinem Buch »5 Lügen die Liebe betreffend« den Mythos von der unsterblichen Leidenschaft in einer Ehe ins Wanken gebracht und damit viel Druck von allen Paaren genommen, die sich über die Häufigkeit des Geschlechtsverkehrs in die Haare kriegen. Das liegt vor allem daran, dass in den Medien immer wieder diese »Zwei-Mal-in-der-Woche«-Formel auftaucht. Ich habe versucht dafür zu sorgen, dass die Menschen diese lachhafte Zahl aus dem Kopf kriegen, anstatt sich an ihr zu orientieren. Zwecklos. Die Zahl entbehrt jeder Wissenschaftlichkeit. Sicher, wenn mich im Supermarkt ein Interviewer fragt, wie oft ich Sex habe, sage ich natürlich auch möglichst laut: »Zwei Mal die Woche.« Oder: »Drei Mal am Tag.«

Wer antwortet denn: »Alle vier Wochen?« So kommt diese vermeintliche »normale« Norm zustande, die die Menschen in Unsicherheit und Unglück stürzt.

Vor allem die Mütter sind verunsichert. Als ich noch keine Mutter war, habe ich vielleicht am Wochenende zwei bis vier Mal mit meinem Partner geschlafen – ein Mal am Sonnabend (oder zwei Mal) und ein Mal (oder zwei Mal) am Sonntag. Selten an Wochentagen. In welchem Schlafzimmer geht denn nach einem harten Arbeitstag noch die Luzie ab? Auch ohne Kinder kuschelt man sich vor dem Fernseher auf das Sofa und schläft irgendwann ein. Das hat nichts damit zu tun, dass man den anderen nicht sexy findet. Müdigkeit ist Müdigkeit.

Und Mütter sind die müdesten Menschen der Welt. Denn Kinder sind der natürliche Feind des Schlafes und die wahren Sex-Killer. Außerdem haben Mütter nie Wochenende, sie müssen auch am Sonnabend und am Sonntag all diese Dinge tun, die sie immer tun. Wochenende ist Familienzeit: gut für die Kinder, schlecht für die Libido. Gäbe es Aufbewahrungsstätten für Kinder, die die Kleinen am Wochenende stundenweise betreuen, hätten die Mütter mehr Lust auf Sex.

Ich kenne gerade einmal zwei Frauen, die wöchentlich Sex haben und damit auch angeben – und Legionen von übrigens sehr glücklichen Frauen, die alle vier Wochen oder seltener Sex haben. Man muss auch sehen, um welche Art von Sex es sich bei dieser »Zwei-Mal-in-der-Woche«-Nummer handelt. Nach dem Zähneputzen im Nachthemd ins Bett hüpfen, Licht aus, der Mann rollt sich drüber, schiebt das Nachthemd hoch und vollzieht den ehelichen Akt – na ja. Gutenachtküsschen, umdrehen, schnarch-schnarch.

Da kann ich auch drauf verzichten, dann lieber ein Mal in einem halben Jahr – aber wie in »9½ Wochen«. Ein Ehebett ist ohnehin der unerotischste Ort, den ich mir denken kann. Obwohl es bei uns im ehelichen Lager jede Menge Verkehr gibt. Meistens am Tag, da ist die Lust am größten. Manchmal auch nachts. Da wird gelacht vor Entzücken, geweint vor Erschöpfung. Der wilde Kerl, der sich so unermüdlich auf den Laken austobt, ist ein Traummann, um den mich viele Frauen beneiden. Es handelt sich allerdings nicht um meinen Gatten. Der Bursche ist drei Jahre alt. Mein Sohn. Seine ganze kleine Welt dreht sich um alles, was fährt und brummt. Betonmischer, Motorräder, Kipplader und vor allem Bagger. Da er am liebsten im Ehebett seine automobile Wirklichkeit inszeniert, gibt es dort einen beachtlichen Fuhrpark.

Wie kann man sich stöhnend wälzen, wenn man dabei zufällig auf einem Kipplader landet? Da muss man lachen. Und weg ist die sexuelle Stimmung. Das Schlafzimmer können Sie nicht freihalten von Spielzeug. Kleine Menschen okkupieren die ganze Wohnung, es wäre eine Lebensaufgabe, dagegen anzukämpfen. Sie können kein Schild an die Schlafzimmertür machen »Betreten verboten, hier schlafen Papa und Mama in ihrer Liebeshöhle«.

Es ist sehr schwierig für Menschen mit Kindern, Sex zu haben, diese Lebensform in den normalen Alltag zu integrieren. Kinder werden nachts wach oder kommen morgens früh in das Schlafzimmer auf leisen Tapp-Tapp-Füßchen. Da muss man schon sehr entspannt sein, um sich total hinzugeben. Männer verstehen das eigentlich auch. Sie wollen bestimmt nicht, dass ihr Kind sieht, wie Papa Mama von hinten nimmt. Egal, was in den 70er Jahren darüber gesagt wurde, ich bin sicher, das erschreckt Kinder ungemein.

Wenn Sie Probleme mit Ihrem Mann haben, weil Sie zu selten können oder wollen, dann schenken Sie ihm zunächst reinen Wein ein. Sagen Sie ihm, wie es um den Sex in der deutschen Elternschaft bestellt ist. Männer stehen nicht nur unter ihrem eigenen libidinösen Druck, sondern auch unter dem Druck, den andere Männer machen, die mit ihren sexuellen Aktivitäten prahlen.

Ich möchte die Männer nicht allzu sehr angreifen. Sie sind nicht einfach rücksichtslos. Schließlich haben sie sich bei der Eheschließung darauf gefreut, sozusagen amtlich die nächsten Jahrzehnte eine geliebte Frau an ihrer Seite zu wissen, mit der sie Tisch und Bett teilen. Regelmäßiger Geschlechtsverkehr. Früher gab es sogar ein Recht darauf – die Zeiten sind zum Glück vorbei. Und dann wird aus der sinnlichen Freundin eine chronisch müde Ehefrau. Das ist ein Schlag gegen das Ehrgefühl, den Männer sehr persönlich nehmen. Für sie ist das sowieso eins: Begehren und Liebe. Sie schwärmen von Frauen, die eine Woche nach der Entbindung ihren Arzt fragen, wann sie wieder dürfen. Das soll es wohl geben, ich habe die Geschichte auch gehört. Doch mit Ausnahmen kann ich in diesem Buch nicht arbeiten.

Was tun, wenn der Mann unerbittlich nervt? Wenn der Haussegen schief hängt und Sie Angst vor jeder Nacht haben – oder gar mitmachen, obwohl Ihnen der Sinn nicht danach steht? Wenn der Mann quengelt und quengelt, lassen Sie ihn wissen: Auch ich denke manchmal sehnsüchtig an heiße Nächte. Männer sollen und müssen das begreifen, dass eine Frau sie total begehrt, ihr aber trotzdem einfach die Augen zufallen! Der Wille ist ja da! Was können Sie tun, um sich Ihren liebeshungrigen Mann vom Leibe zu halten? Für den Mann ist elementar: dass Sie wollen. Dass Sie ihn sexy finden – aber einfach nicht können, zu kaputt sind. Sie brauchen eine Schonfrist von etwa einem Jahr nach der Geburt. In der man Sie wie ein krankes Tier behandelt, das Ruhe braucht. Und dann muss man noch mal zwei bis drei Jahre die Augen zudrücken als Mann, bis das Kind durchschläft. Und dann kommt das nächste – und es geht von vorn los.

Keine Sorge, ich will den Teufel nicht an die Wand malen. Es verändert sich einfach wirklich viel, nicht umsonst gibt es Seminare über das Thema »Eltern werden, ein Paar bleiben«. Es ist eine Frage der Zeit, dass die Erotik von allein ins Lot kommt. Es geht darum, diese Zeit so auszufüllen, dass die Basis der Beziehung nicht ernsthaft ins Wanken gerät.

Die Hauptsache ist, dass der wenige Sex, den Sie mit Ihrem Mann haben, richtig gut ist. Unvergesslich. Inszenieren Sie den Beischlaf. Und wenn Sie einmal im Monat mit ihm in ein Hotel gehen und ein einziges Mal spektakulären Sex haben. Ich bin sicher, dann kann er es auch mit Fassung tragen, dass Sie schon wieder eingeschlafen sind, wenn er Sie am 25. des Monats nach dem ersten Mal in diesem Monat fragen möchte.

**Vorsicht, Falle!**

Meiner Erfahrung nach müssen Sie mit dem Schlimmsten rechnen, was die Aufnahme Ihrer erotischen Aktivitäten nach der Entbindung angeht. Es kann wehtun, vielleicht haben Sie selten oder nie Lust, sind einfach zu müde.

Bei den meisten Frauen dauert es einige Monate, bis sie wieder ihre Libido spüren.

Prämisse sollte sein: Nichts ist so wie vorher. Das heißt aber nicht, dass der Sex schlechter wird.

Das Problem: Ihr Mann hat weder ein Kind ausgetragen, noch geboren oder gestillt oder wenig geschlafen. Er wird Lust haben wie ehedem. Sie können es sich psychisch nicht leisten, sich mit ihm zu streiten, sagen Sie ihm liebevoll, dass Sie eine Schonfrist brauchen. Hoffnung auf andere Zeiten naht!

## Mit Kind nie mehr allein

Warum Mütter trotzdem oft so einsam sind

Eine der schlimmsten Unglücksfallen, in die eine Mutter tappen kann, ist die Einsamkeit. Ja, Sie haben richtig gelesen: Einsamkeit. Man glaubt es kaum, wo man doch nie weniger allein ist im Leben als mit Baby. Das Problem ist: Die friedliche Zweisamkeit auf der Babyinsel wird irgendwann zum quälenden Exil. Es drohen Lagerkoller, depressive Verstimmungen, Frustessen. Einsamkeit ist das häufigste Leiden frischgebackener Mütter in der modernen Gesellschaft, wo die Oma nicht mehr nebenan wohnt und man seine Nachbarn häufig nicht einmal kennt. Der Mann marschiert nach einer Baby-Urlaubs-Schonfrist von maximal drei Wochen morgens ins Büro (nur zwei von 100 deutschen Männern nehmen Erziehungsurlaub), und damit ist das einzige erwachsene Gegenüber für mindestens acht Stunden aus dem Haus. Sie sitzen allein in Ihrer Wohnung, haben so genannte Tagesfreizeit. Davon haben Sie als berufstätige Frau immer geträumt. Die Zeitung, die Sie gemütlich lesen wollten, bleibt allerdings ungelesen liegen. Der Kaffee wird kalt. Von der Gesichtsmaske, die Sie schon seit Tagen auftragen wollten, ganz zu schweigen.

Ihr kleiner Racker – ob männlich oder weiblich – hält Sie enorm auf Trab, so dass zunächst keine Langeweile aufkommt. Irgendwann fällt Ihnen auf, dass es 18 Uhr ist und Sie bis dahin nur »dada« gesagt haben oder »Kuckuck«. Und es geht Ihnen mächtig auf die Nerven. Sie möchten sagen: »Der Film, den ich gestern sah, hat auf unglaubliche Weise den tiefen Konflikt zwischen innersubjektivem Wahrnehmen und tatsächlicher Wirklichkeit in der Postmoderne thematisiert.« Oder: »Wenn ich heute Abend nicht mit meinen Freundinnen ausgehen kann, kriege ich einen Schreianfall.«

Mir geht es so. Wenn ich mit meinen Kindern allein zu Hause bin, langweile ich mich oft. Vor allem im Winter, an diesen langen grauen Tagen. Um 16 Uhr wird es dunkel, die Kinder spielen vor sich hin. Ich kann nicht wirklich »nichts« machen, weil doch alle zehn Minuten ein Kind etwas von mir will. Aus dem gleichen Grund kann ich auch nicht richtig »etwas« machen, wie meinen Schreibtisch aufräumen oder meine Haare tönen. Ja, dann fühle ich mich wie ausgehöhlt, zähle die Stunden, bis mein Mann kommt. Und ich fühle mich auch einsam. Ich bin jetzt seit neun Jahren zu Hause, arbeite von dort aus. Ich kann Ihnen sagen, dass mir oft die Decke auf den Kopf fällt, wenn ich nicht arbeite, dass ich auf die Uhr starre und warte, bis es an der Zeit ist, das nächste Mal etwas für die Kinder zu tun, das Abendessen vorzubereiten oder dergleichen. Ich bin nun wirklich keine Hausfrau im üblichen Sinne, aber ich bin fast immer in der Wohnung. Ich habe mich schon dabei ertappt, dass ich auf die Vorhänge starre und sehe, dass die Falten nicht parallel zueinander stehen. Als ich angefangen habe, daran herumzuzupfen, wusste ich, dass ich sehr bald mein Büro wieder an einen normalen Arbeitsplatz verlegen muss.

Gerade am Anfang, wenn man mit einem Neugeborenen stundenlang allein zu Hause ist, stellt sich dieses Gefühl der Langeweile und Einsamkeit ein. Das schlechte Gewissen folgt auf dem Fuß. Fühlen Sie sich jetzt um Himmels willen nicht als Rabenmutter, wenn es Ihnen so geht! Die Verhütung macht es heute möglich, dass Frauen bewusst auf Kinder verzichten können. Wenn sich eine Frau dann bewusst für ein Kind entscheidet, wird aus dieser Freiheit ein moralisches Korsett geschaffen, das vielen Müttern die Luft zum Leben abschneidet. Die Kommentare der Umwelt: »Es hat sie doch keiner gezwungen, ein Kind zu bekommen. Sie muss ihre Interessen eben zurückstellen, anstatt nach Gesellschaft und Entlastung zu rufen.« Mutter zu sein, das zeigt sich ganz deutlich, wird nicht nur zu einer Aufgabe, die alles andere in den Schatten stellt, sondern folgt auch einer Logik des klaren Entweder-Oder. Diese Entwicklung ist erschreckend. Sie ist für die betroffenen Mütter fatal – denn sie grenzt aus, macht noch einsamer. Niemand wäre früher auf die Idee gekommen, eine Mutter müsse immer für die Kinder da sein.

Dass Mütter eine unersetzliche Rolle im Leben ihrer Kinder spielen, ist eine moderne und relativ neue Ansicht. Diese Ideologie der intensiven Bemutterung setzte sich in der ersten Hälfte des 20. Jahrhunderts durch – und ist eines von vielen Mütterbildern, die die Geschichte hervorgebracht hat. Nicht besser als die anderen! Niemand hätte früher gedacht, Fürsorge und Erziehung geschehe nur im Elternhaus unter der Regie des mütterlichen Herzens.

Wenn Ihnen also richtig die Decke auf den Kopf fällt und Sie von der Mutter-Kind-Symbiose erst einmal die Nase voll haben, dann freuen Sie sich: Das ist ein gutes Zeichen. Da meldet sich jemand zurück: *Sie!* Die Frage ist nur: Wie nutzen Sie diesen vitalen Impuls? Vielleicht rufen Sie in Plauderstimmung Ihren Mann an und seine Sekretärin würgt Sie sofort ab. Konferenz, keine Zeit für Mutti. Da fällt Ihnen ein, dass die meisten Menschen, die Sie kennen, jetzt an ihrem Arbeitsplatz sitzen und keine privaten Gespräche führen können. Selbst wenn Ihnen jemand einfällt, der auch in seiner Bude hockt und sich über einen Anruf freut – das Telefonieren in der Gegenwart von Kindern unter zehn Jahren ist wirklich ein Abenteuer.

Kinder möchten nicht, dass man telefoniert. Das nervt vor allem kinderlose Gesprächspartner kolossal. Und in den ersten Monaten ist nichts zu machen mit erzieherischen Maßnahmen: das Baby schreit oder quiekt, während Sie versuchen, Ihren Gesprächspartner am Telefon zu verstehen. Das darf auch eine Weile so sein. Später allerdings trennt sich die Spreu vom Weizen, wenn die Kinder in das Alter kommen, wo sie durchaus verstehen, dass eine Mutter ein eigenes Leben hat. Inklusive Telefongespräche. Da zeigt sich dann, wer sich durchsetzen kann und will.

Die meisten Mütter scheitern in der Rückeroberung ihres Terrains als Erwachsene, finden das auch nicht tragisch. Sie reichen erst einmal den Hörer weiter an den Sprössling (»Sag mal Guten Tag!«), die Leitung ist dann minutenlang voller Schweigen – und der Anrufer hat vielleicht gerade seinen Job verloren oder verblutet oder ist sonst wie in Not. Da ist es fast besser, der Mensch kommt nicht durch und landet auf dem Anrufbeantworter – falls es ihm nicht die Sprache verschlägt, wenn er feststellt, dass eine ehedem souveräne und absolut coole Karrierefrau eine Dreijährige das Band hat besprechen lassen. »Kicher, Kicher, hier ist der Anrufbeantworter von Hans und Hulda, Max und Moritz. Kicher, Kicher.« Zum Familienglück fehlt noch die Salzteigbrezel an der Tür mit dem Familiennamen. Ich will nichts Grundsätzliches sagen gegen Salzteigbrezel-Bäckerei. Mich wundern nur die Mutationen, zu denen Mütter fähig sind. Ich vermute, dass Mütter und auch Väter mit diesen Dingen voller Stolz Familienzusammenhalt demonstrieren wollen. Vielleicht machen Sie sich nicht viele Gedanken, wie das ankommt bei ihrer Umwelt. Meine Meinung: Es lässt besorgniserregende Rückschlüsse zu auf die Familienstruktur, auf die Bedeutung, die den Kindern beigemessen wird.

Wir waren bei der Kommunikation. Mit wem sprechen Sie eigentlich noch? Wer hört Ihnen zu? Wo ist ein Mensch, der den Alltag mit Ihnen teilt? Spätestens in diesem Moment erinnern Sie sich an Geschichten von anderen Müttern, denen die Decke auf den Kopf gefallen ist. Sie haben Anschluss gesucht an Gleichgesinnte in diesen Mutter-Kind-Gruppen, die es so zahlreich gibt. Das fängt mit dem Geburtsvorbereitungskursus an, dann kommt die Rückbildungsgymnastik. Diese Treffen machen medizinisch Sinn. Aber dann geht es los: Stillgruppe, Babymassage, Babysingen, Babyschwimmen, Baby-Yoga, PEKiP-Gruppe (Prager- Eltern-Kind-Programm), Krabbelgruppe – jede

Woche schießen neue Gruppenideen aus dem ideologischen Mutter-Boden. Davon lebt eine ganze pädagogische Industrie.

Vordergründig geht es dabei um Ihr Bestes – Ihr Kind, um dessen motorische und intellektuelle Förderung. Ich habe allerdings bis heute nicht herauskriegen können, inwieweit Rascheln mit Papier, Watte pusten oder sanftes Streicheln der Oberarme ein Baby wirklich weiterbringen. Abgesehen davon schmust man mit seinen Kindern auch ohne Gruppe. Wenn Menschen dazu eine Anleitung brauchten, würden wir noch auf den Bäumen sitzen. Ich habe solche Veranstaltungen immer gemieden und meine Kinder haben sich von allein prächtig entwickelt. Kann sein, dass ich einfach Glück gehabt habe. Kann aber auch sein, dass diese Gruppen überflüssig sind.

Oder geht es einfach darum, Menschen zu treffen, die älter als drei Jahre sind? Um Austausch? Die Sehnsucht nach menschlicher Gemeinschaft? Ich finde, dann sollten diese Gruppen sich auch dazu bekennen und nicht das Schild der Kindesförderung vor sich herhalten. Probieren Sie solch eine Gruppe auf jeden Fall einmal aus! Sie dürfen von Ihren »Mütter-Kollegen« allerdings nicht viel erwarten, sage ich Ihnen aus eigener Erfahrung. Es können draußen politische Stürme toben, das Land mag gerade untergehen – in der Gruppe geht es um Brei und Brüste. Das ist natürlich in dieser ersten Babyzeit nachvollziehbar, in der die Hormone die Psyche bestimmen und uns das Wunder »Baby« jeden Tag erneut zum Staunen bringt. Auf den ersten Blick kommt einem die Stimmung in den Gruppen anheimelnd vor: Kinder, Kaffeeduft und Kekse. Halten Sie die Augen offen, lassen Sie sich nicht einlullen. Es können Krakenarme sein, die Sie umschlingen, die Sie schließlich einengen, bis Ihnen die Luft ausgeht. Bis Sie immer kleiner werden.

Merke: Die klassische Mitmutter kann Sie eigentlich nicht leiden. Sie sind Ihr Feind. Aus genau demselben Grund, aus dem sie eigentlich Ihre Freundin sein will – und sein könnte: Sie teilen die gegenwärtige Lebenssituation, Sie haben beide ein Kind. Die schlimme Mitmutter, die »Übermutter« aber hat ihr eigenes Ego mit all seinen persönlichen Eigenschaften im Kreißsaal gelassen. Das erschüttert mich sehr und wird Ihnen auch im Laufe dieses Buchs immer wieder leitmotivisch begegnen.

Es gibt Frauen, die liebten Heavy Metal – und hören während der Schwangerschaft Mozart-CDs, weil es gut für das Kind sein soll. Es gibt Frauen, die nie ohne ein perfektes Styling aus dem Haus gegangen sind, und als Mutter tragen sie nur Gemütlich-Kleidung. Ein Gefühl aus dem anderen Leben vor dem Kind bleibt: *Ehrgeiz.* Keine schlechte Eigenschaft. Fatal für Mütter, finde ich. Man möchte seinen »Job« sehr gut machen, eine perfekte Mutter sein, besser als jede andere, *besser als Sie.* Keine gute Basis für Freundschaften. Keine gesunde Basis für Kinder dazu.

Vor allem die Frauen, die vorher sehr erfolgreich waren im Beruf, projizieren nun ihr Leistungsdenken auf die Mutterschaft. Das ist der Witz der Geschichte: Die zur reinen Übermutter mutierte Karrierefrau schafft sich täglich neue Probleme durch ihren Perfektionsdrang. Die sind kaum leichter zu meistern als die Verbindung von Karriere und Mutterschaft! Und jene, die vorher nicht viel oder gar nichts gebacken bekommen haben, möchten jetzt richtig auftrumpfen. Ausbildung abgebrochen, aus jedem Job geflogen, aber als Mama brillieren. Dieses Lebensmodell ist sicher am einfachsten. Lassen Sie es sich von einer erfahrenen Mutter sagen: Es wird nirgendwo so viel gelogen wie in Babygruppen und auf Spielplätzen!

Aus diesen Defiziten entstehen mütterliche »Berufskrankheiten«: Gluckenhaftigkeit, Verbohrtheit, Selbstgerechtigkeit, Interesselosigkeit, Überängstlichkeit. Unter diesen Schwächen ist die Selbstgerechtigkeit die größte. Was glauben Sie, wie sogar richtige Freundinnen übereinander herfallen. Ich habe erlebt, wie eine Frau sich über ihre Nachbarin aufregte, weil diese nach der Geburt ihres zweiten Sohnes so gestresst sei, dass sie eine Lungenentzündung des älteren Kindes nicht erkannt habe. Der Grund für ihre »Achtlosigkeit«: Sie habe sich bereits in den ersten Wochen nach der Geburt um ihr Geschäft, ein Cateringunternehmen gekümmert. Klar, dass so eine Mutter kein Auge für das Befinden der Kinder hat. Dabei hat sich diese Frau nur stundenweise, ganz harmlos, um den Fortbestand des Unternehmens bemüht. Sicher, ich hatte Ihnen bereits verraten, dass allerdings nur ein einziges Telefongespräch schon eine ungeheure Anstrengung sein kann. Wenn jedenfalls diese lästerliche Mitmutter ein guter Mensch gewesen wäre, hätte sie das Baby ihrer Nachbarin einfach einmal durch den Park geschoben. Sie nämlich hat ein Kind, das bereits in der zweiten Klasse ist, liegt vormittags gern im Garten und liest Modemagazine. Da kann man gut lästern.

Wenn Sie mitmischen wollen unter diesen Damen, müssen Sie mit harten Bandagen kämpfen. Da können Sie auch gleich einen Job im gehobenen Management annehmen, vom Einsatz Ihrer Ellenbogen her macht das keinen Unterschied.

Machen Sie sich keine Sorgen, dass Sie nicht so vollkommen mütterlich sind. Sie sind oft genervt, damit zeigen Sie, dass Sie ein Mensch sind. Wie schön! Sie sind eine Nervenmutter. Willkommen im Club. Ihre Kinder haben es gut, sie leben mit einem authentischen Menschen zusammen, der sie lehrt: Nobody is perfect. So haben Ihre Kinder die einmalige Chance, das Leben kennen zu lernen – mit allem Drum und Dran. Die zukünftigen Lehrer, Chefs, Kollegen sind auch nicht immer nett und rund um die Uhr für einen da. Und: Eine Nervenmutter hinterfragt sich, ist eben nicht selbstgerecht. Sie macht ihre Sache damit immer besser und besser.

An der Seite der totalen Mutter, der Übermutter, werden Sie Ihr Glück nicht finden und das Problem mit der Einsamkeit kaum befriedigend lösen. Sehen Sie zu, dass Sie Land gewinnen. Legen Sie sich mit keiner an. Wenn man einen Menschen zwei Mal im Leben sieht, dann die Übermutter. Sie werden diese Damen nie wieder los. Sie werden sie treffen, wenn Ihr Kind älter wird, im Kindergarten, in der Schule, in der Nachbarschaft. Es handelt sich um eine Grundbefindlichkeit, eine ansteckende Seinsweise, die man schnell annimmt, wenn man nicht ganz entschieden die Mami-Falle mit all ihren Verlockungen und falschen Verheißungen meidet.

Es kann natürlich geschehen, dass Sie der Freundin Ihres Lebens begegnen in einer Mutter-Kind-Gruppe. Ich habe im Geburtsvorbereitungskurs eine Frau kennen gelernt, der ich tief verbunden bin. Allerdings habe ich mich mit ihr auch schon heftig gestritten. Sie können sich denken, worum es ging: gute Mutter, schlechte Mutter. Es ging ans Eingemachte, sie hat mir schon einmal vorgeworfen, meine Tochter habe Angst vor mir. Wenn Sie schon Mutter sind, wissen Sie, wie das sitzt. Diese Konflikte zwischen Müttern gibt es leider fast immer, deshalb mein Rat, sich eher fern zu halten von Mütter-Gruppen. Ich fühle mich nach wie vor wie ein Exot unter anderen Müttern, meide größere Zusammenkünfte, verflüchtige mich schnell, wenn es darum geht, während der Ballettstunde der Tochter mit anderen Müttern, die ich nicht kenne, einen Kaffee zu trinken. Nur, weil sie auch Mütter sind, die Töchter haben, die Ballett lernen.

Ich empfehle, als Mutter die gleichen Ansprüche für soziale Kontakte zu stellen wie als Kinderlose. Da reicht es nicht, wenn jemand ebenfalls entbunden hat. Die gleichen Bücher lesen, über dieselben Pointen lachen, zusammen in Ausstellungen gehen – das sind Punkte, die für Ihre Zuneigung weiterhin entscheidend sein sollten. Wenn solche Menschen dann auch ein Kind haben, umso besser.

Ich kann nur jeder Frau wünschen, dass sie eine tolle Freundin kennt, die ebenfalls ein Baby bekommen hat. Mit der kann man sich jeden Nachmittag treffen, über alles reden und kann »Kindertausch« veranstalten: Eine bleibt bei den Babys, die andere geht in die Kunsthalle, zum Frisör, in die Sauna oder einfach einen Kaffee trinken. Oder sie geht mal wieder ins Kino, damit neue Bilder im Kopf entstehen. Hauptsache raus aus dem Haus!

Fangen Sie früh damit an, einmal eine Stunde wegzugehen, am besten schon in den ersten Wochen! Man glaubt – ich kenne es –, das Kind würde nach drei Minuten ohne Mama aufhören zu atmen. Ich bin schon einer Babysitterin hinterhergeschlichen, weil ich plötzlich Panik bekam, dass sie mein Baby irgendwo allein lässt. Als meine Tochter vier Jahre alt war und mit einer mir wohlbekannten und überaus versierten Babysitterin auf den Spielplatz ging, überkam mich plötzlich Entsetzen. Ich stellte mir vor, die Babysitterin sei über Nacht wahnsinnig geworden, würde Nele entführen. Ich spare nicht mit Beispielen aus meinem Leben, damit Sie sehen, dass ich eben nicht oberlehrerhaft, erfahrungsarm und lieblos Ihr mütterliches Leben in eine Form zu drängen versuche. Falls Sie unter diesen Ängsten leiden, werden Sie erleichtert sein, wenn Sie sehen, wie prima alles auch ohne Sie läuft! Dieses Erlebnis ist ein Meilenstein in Ihrer Entwicklung und in der des Kindes.

Was bedeutet das konkret für Ihre Art als Mutter, den Kontakt zur Welt zu halten? Bleiben Sie ein freies und offenes Menschenkind, das sich für alles interessiert. Diese Form der positiven Neugierde überträgt sich auch auf Ihr Kind. Begrenzen Sie Ihre Kontakte nicht auf Mitmütter. Was Kinderlose angeht: Halten Sie sich bitte vor Augen, dass Ihr Nachwuchs Ihr Ein und Alles, aber für jeden Kinderlosen uninteressant ist. Das heißt (man muss sich das wirklich immer wieder ins Bewusstsein rufen als stolze Mutter): Es bewegt tatsächlich nur uns als Mütter, wann das Kind welchen Pups gelassen hat. Vielleicht noch den Mann und die Großeltern oder die Patentante. Was Ihre Außenkontakte angeht: Erleben Sie sich, und agieren Sie als Mensch, nicht als Mitmutter. Das tut allen gut. Und wenn der erste außerhäusliche Zuspruch nur darin liegt, dass Ihnen ein Bauarbeiter hinterherpfeift. Das ist auch ein Kontakt, ein Blick über den mütterlichen Tellerrand. Der Anfang von Ihrem neuen alten Leben! So bleiben Sie die, die Sie waren, bevor der Teststreifen »schwanger« zeigte. Ein geselliger und attraktiver und liebenswerter Mensch. Waren Sie da je einsam?

**Vorsicht, Falle!**

Sicher haben Sie immer von der unendlichen Wärme geträumt, die Sie mit einem Baby erleben. Ganz versunken in einem eigenen Kosmos, fast wie *ein* Wesen. Unzertrennlich. So bleibt das auch die nächsten Jahre, und vielleicht werden Sie nie jemanden so tief lieben wie Ihr Kind. Trotzdem gibt es in Ihrem Ich Anteile, die brachliegen, die angesprochen werden wollen – von einem erwachsenen Gegenüber.

Wenn Sie spüren, dass Sie sich einsam fühlen, sollten Sie die enge Symbiose mit dem Baby lockern.

Der beliebte Weg, sich über Mütter-Gruppen neue Vertraute zu suchen, sollte mit kritischer Distanz begangen werden, wenn überhaupt. Denn das unter Müttern herrschende Prinzip ist Rivalität, jedenfalls in Deutschland, wo so ein Aufstand um die Mutterrolle gemacht wird. Konkurrenzdenken ist ungefähr das Letzte, was Sie gebrauchen können, wenn Sie spüren, dass Sie wieder nach draußen wollen.

# Von der Babyinsel zurück in die Welt

## Mutterglück und Hausfrauenelend

Der Beruf als Nische des Glücks

Wenn Babys erster Geburtstag naht, hat sich der Alltag mit Kind weitgehend eingespielt, das Lager der Mütter nach anfänglichen Reibereien aufgeteilt. Es gibt keine Diskussionen mehr über Kaiserschnitt oder natürliche Geburt, Stillen oder Flaschennahrung. Bis zum nächsten großen Thema: »Wann und auf welche Weise soll mein Kind trocken werden?«.

Jede Mutter glaubt zu wissen, wohin sie gehört. Die Übermütter halten sich an die Übermütter, definieren sich bewusst ausschließlich über das Kind und die Familie oder planen oft schon die nächste Schwangerschaft. Die Nervenmütter tasten sich Tag für Tag in ihr altes Leben zurück, sind zunächst einmal dankbar, dass sie das erste Jahr ohne bleibenden Schaden und mit viel Liebe im Herzen überstanden haben.

Ich habe damals den Unterschied zwischen den Mütterlagern am heftigsten empfunden in der Weise, wie der erste Geburtstag des Kindes zelebriert wird. Ich bin diesen Tag zwar feierlich aber auch unsentimental angegangen, so wie es für mich am besten war. Ich hatte ohnehin an jedem Tag in den letzten zwölf Monaten viel Arbeit und wollte mir an diesem Tag nicht zu viel zumuten. Zumal das Baby es ja wirklich nicht mitbekommt, was ich veranstalte.

Andere Mütter begingen diesen Tag wie einen Staatsakt, verschickten schriftliche Einladungen, überschütteten das Kind mit Geschenken, luden dessen sämtliche Babybekannte ein. Meistens ging der Schuss nach hinten los, die kleinen Menschen waren nach einer Stunde völlig überfordert mit sich selbst und den anderen Kindern, den vielen Fremden, dem Lärm. An der Gestaltung des ersten Geburtstags zeigt sich oft schon, wie das Kind im weiteren Leben der Familie platziert sein wird: im absoluten Mittelpunkt, um den vor allem die Mutter kreist, oder als ein Teil des Ganzen. Hier tritt ein fundamentaler Wesensunterschied zwischen den Müttern zu Tage, der sich dann im Umgang mit der Jobfrage am polemischsten zeigt.

Wenn nämlich in dieser vermeintlich waffenstillen Zeit am Horizont die Möglichkeit des Wiedereinstiegs in den Beruf aufscheint, dann wird der Mütterstreit öffentlich, politisch, persönlich. Dann geht es nicht mehr »nur« um solche banalen Rivalitäten wie die, wer den Kindergeburtstag am besten inszeniert. Die Gretchenfragen lauten: »Arbeitest du schon?« Und: »Willst du wieder arbeiten?«

An diesem Stoff entzünden sich die mütterlichen Geister. Auf dem Spielplatz, im Wartezimmer beim Kinderarzt, in den Medien. Am Ende geht es immer nur um eines: Stellt die Mutter, die spätestens nach einem Jahr wieder arbeiten will oder muss, ihr eigenes Ego in den Vordergrund? Ist das schädlich für das Kind?

Dazu eine wahre Geschichte. Sie spielt in meiner persönlichen Schule des Lebens und Schreibens, auf einem

Spielplatz. Eine Mutter, blond, groß, schlank, sehr gepflegt, zwei Kinder, trifft eine Bekannte, eine Freundin von mir. Ingela erzählt von ihrem Job, sie ist Frauenärztin, hat einen Sohn von sieben Monaten. Er ist in einer Krippe, fühlt sich dort pudelwohl, entwickelt sich prächtig, erzählt Ingela stolz und freut sich. Sie ist eine von jenen Müttern, die mir besonders am Herzen liegen, die ihr Leben in allen Facetten meistern, die gerade als Mütter besondere Kräfte entwickeln. Bei meiner Freundin steht gerade ein besonderer Karrieresprung an. Alles spricht dafür, solch eine Frau zu loben. Die Blonde meint dazu: »Der Kleine ist in einer Krippe? Nein, das brächte ich nicht übers Herz, meinen Sohn so früh wegzugeben. Ich will ganz für ihn da sein.«

Das ist ein typischer Mitmutter-Spruch der übelsten Sorte. Das muss man sich auf der Zunge zergehen lassen, man kann es sich einrahmen. Lassen Sie mich interpretieren: Welches Selbstbild vermittelt diese Frau? Und wie bewertet sie das Leben meiner Freundin? Die Blonde hat ein großes und gütiges Herz, dem es widersteht, ein Kind wegzugeben. Da meine Freundin ihr Kind weggibt, kann es mit ihrer Mütterlichkeit nicht weit her sein. Dann diese von mir sehr gehasste Formulierung »weggeben« – wohin? Zu Fremden? Ins Waisenhaus? Wie hört sich das an in den Ohren meiner Freundin, die ihren Sohn »weggibt«? Das klingt nach Verbrechen, nach Hänsel und Gretel. Nach einem sehr dunklen Wald und sehr traurigen Kindern, die umherirren. So kann man doch nicht von Frau zu Frau sprechen, von Mutter zu Mutter. Das ist eine selbstgerechte Haltung, die diese Frau an den Tag legt, die andere herabsetzt und diffamiert.

Wenn dann solche Geschichten weitererzählt werden

von der gewissenlos ehrgeizigen Ärztin, die ihr Kind so früh weggibt, die es übrigens auch nur kurze Zeit gestillt hat, dann ist das wie Rufmord. Da trottet man dann wie erschlagen mit Eimerchen und Schaufeln nach Hause, zweifelt an sich, hat keine Lobby, weil die anderen Mütter auf dem Spielplatz ähnlich denken. Zu mir hat einmal eine Mutter gesagt: »Du hast es gut, du kannst deine Kinder leicht weggeben.« Es ging darum, dass Nele und Elias drei Tage bei den Schwiegereltern verbrachten. Ich scheue mich nicht, Ihnen zu sagen, warum. Meine Mann und ich wollten eine Party feiern, meinen Geburtstag. Wir hatten ein rauschendes Fest im Auge, wo wir mit Vorbereitungen und Nachbereitungen drei Tage eingerechnet hatten. Das hat für Kritik gesorgt. »Nur«, um zu feiern, »schieben« die Ehrenbergs ihre Kinder ab, stattdessen hätten sie doch dabei sein können. Auf die Idee käme ich nie, Kinder haben auf Erwachsenenfesten nichts zu suchen. Weil sie stören, weil es aber auch unangemessen ist, dass Kinder um Mitternacht noch zwischen rauchenden und trinkenden Menschen herumhüpfen. Ich feiere sehr gern mit meinen Kindern, mit meinen Freunden, die Kinder haben, tagsüber.

Ich weiß, dass dies jetzt auch aus meiner Feder gehässig klingt, dabei will ich mich gar nicht auf diesen verächtlichen Ton einlassen. Aber ich bin nur ein Mensch, eine berufstätige Mutter, wie meine Freundin. Ich bin schon so oft angegriffen worden, nicht nur, weil ich gern ohne Kinder auf Partys gehe, auch weil ich arbeite. Ich möchte mir auch einmal Luft verschaffen dürfen, wie diese Blonde. Mich trifft es in Mark und Bein, wenn mich jemand auf diese Weise angreift. Meine Freundin war nach diesem Erlebnis völlig aufgelöst. Wir lieben unsere Kinder und wollen, dass es schön ist in ihrer kleinen Welt. Wir würden uns lieber den linken Arm abhacken, als sie in den Wald zu schicken.

Ich will aber auch arbeiten, weil mich das glücklich macht. Und ich bin fest davon überzeugt, dass es *jede* Mutter mit großem Glück erfüllt zu arbeiten. Jetzt ist es raus.

Wohlgemerkt: Ich sehe und kenne die Anstrengung des häuslichen Lebens – vor allem mit Kleinkindern. Ich möchte niemanden verletzen mit meinen Worten, keine Frau, die zu Hause bleibt, abwerten. Mir geht es nicht um den Wettbewerb, wer die bessere Mutter ist! Mein Anliegen ist das innere Gleichgewicht, die Lebensfreude – oder wie immer man auch Glück versteht.

*»Wer sich auf die Entscheidung Beruf oder Familie einlässt, schneidet sich selber eine wesentliche Quelle für sein Lebensglück ab«*, sagt Barbara Bierach in ihrem Buch »Das dämliche Geschlecht«. Das ist auf jeden Fall meine Erfahrung. Ich weiß nicht, wie Sie sich entschieden haben und entscheiden wollen. Vielleicht provoziert Sie dieses Statement. Vielleicht sind Sie seit Jahren nicht mehr berufstätig und fühlen sich großartig. Sie stehen wahrscheinlich im zweiten Drittel Ihres Lebens – und können allerdings auch noch nicht wirklich sagen, wie sich Ihr Zustand entwickelt in den nächsten Jahrzehnten. Entscheiden müssen Sie sich aber jetzt, ob Sie zurückwollen in den Beruf. Insofern ist die Beschäftigung mit diesem Thema eine Art von Unglücks-Prophylaxe.

Sie dürfen mit Recht fragen, warum ich behaupte, ich könnte Ihnen Vorschriften machen, was *Ihr persönliches Glück* betrifft. Ich habe bis jetzt immer wieder postuliert, dass eine Mutter *nach ihrer Fasson glücklich sein darf.* Und nun diese Rigidität.

Mein Wissen über das Glück ist privat, aber auch geschult durch meine jahrelange Arbeit als Partnerschaftsexpertin. Ich habe Philosophie und Literaturwissenschaft studiert, und ich kann mich an kein Buch erinnern, das nicht vom Streben nach Glück gehandelt hat. *Ich bin in der meisten Zeit meines Lebens eher unglücklich gewesen, ich weiß, wie das ist. Nun bin ich schon lange sehr glücklich, und wenn ich mein Leben betrachte, sehe ich diese wundervolle Kombination von Kindern und Beruf.* Wie hat mein verehrter Philosophieprofessor immer gesagt: Unterscheide dich von dir selbst. Ich trete also aus mir selbst heraus, analysiere mein Leben, stelle eine eindeutige Kausalität fest zwischen meinen Kindern und meinem Glück und meinem Beruf.

Das muss für Sie nicht gelten, wenden Sie ein. Aber unabhängig von meinem oder Ihrem Lebensweg und auch unabhängig von der Geschichte der Frauenbewegung gibt es inzwischen eine seriöse Glücksforschung. Nachdem sich die Menschen lange den Kopf darüber zerbrochen haben, was Glück ist, schließen Neurowissenschaftler heute Elektroden an den Kopf und bestimmen die Ausschüttung des Botenstoffes Serotonin. Das ist der Stoff, der uns glücklich macht. Neurowissenschaftler können Zonen im Gehirn identifizieren, die höhere Aktivitäten zeigen, wenn jemand sich wirklich wohlfühlt bei seinem Tun.

Bei einer Vielzahl von Reihenuntersuchungen der University of Chicago wurden Tausende von Menschen mit einem Piepser ausgerüstet, der sie zu willkürlichen Tageszeiten dazu aufforderte aufzuschreiben, was sie gerade machen, woran sie denken. Anschließend mussten die Testpersonen ihren Bewusstseinszustand bewerten – wie glücklich, konzentriert und motiviert sie sind und wie hoch ihre Selbstachtung ist. Leider kam dabei heraus, dass häusliche Arbeit kaum zum Wohlbefinden beiträgt.

Dazu passt, dass der renommierte Münchener Entwicklungspsychologe Wassilios Fthenakis festgestellt hat, dass in Familien, in denen die Mutter den ganzen Tag zu Hause ist und nicht arbeitet, bei beiden Ehepartnern gehäuft Depressionen auftreten.

Warum entscheidet sich also eine Frau bewusst für die Seinsweise »Hausfrau«, wenn diese doch ihren Seelenfrieden gefährdet? Ich spreche jetzt nicht von jenen Müttern, denen von ewig gestrigen Chefs die Rückkehr an den Arbeitsplatz mit fadenscheinigen Argumenten verwehrt wird. Ich meine die Frauen, die davon ausgehen, dass sie für ihr Wohl und für das Wohl der Kinder das Beste tun, wenn sie beruflich aussteigen und Hausfrau werden. Vielleicht, weil sie nicht wissen, was auf sie zukommt. Die meisten Frauen kennen diese Untersuchungen nicht. Sie meinen es gut, weil es genau dieses Bild ist, das ihnen vermittelt wird: Eine gute Mutter ist für ihre Kinder da. So tappen sie in die schlimmste Mami-Falle von allen.

Wie viel Energie geht bei dieser Lebensart verloren! Die ganze Kraft, die viele Frauen haben, vielleicht mehr als Männer, und die sie auch auf eine erfüllendere Arbeit verwenden könnten, verpufft. Indem die moderne Mutter die pure Logistik des Lebens mit Kindern so kompliziert und anstrengend wie möglich gestaltet. Anstatt die Vorteile und Freiräume zu nützen, die uns Herr Dr. Hipp und Mr. Pampers verschaffen, werfen wir böse Blicke auf Mütter, die nicht selbst kochen, backen, basteln und nähen. Zum Wohl der Kinder. Wenn Sie einwenden, dass es für Ihr Wohl ebenfalls wesentlich ist, die nächsten 20 Jahre zu kochen, backen, basteln und zu nähen, glaube ich Ihnen das nicht. Es macht die Kinder weder glücklicher noch klüger, wenn die Mutter den ganzen Tag zu Hause ist. Für Kinder ist die Vollzeitmutter keine »optimale Lernumgebung«, wie die Berliner Pädagogin Elsbeth Stern vom Max-Planck-Institut formuliert. Kinder von Hausfrauen schneiden in der Schule eher schlechter ab als Kinder von berufstätigen Müttern. In der Tat: wenn man die Pisa-Studie betrachtet, scheint die Hingabe der Hausfrauen nicht viel zu bringen.

Und Sie, ich stelle mir vor, Sie sind Anfang oder Mitte 30, Sie sind eine moderne Frau, haben das Herz auf dem rechten Fleck, Sie lieben Ihre Kinder, Ihren Mann. Sie kochen manchmal gern, Sie können nicht backen und nähen finden Sie scheußlich. Sie sind erstaunt, wenn ich Sie »Hausfrau« nenne. Das ist aber Ihr Stand in der Welt, wenn Sie zu Hause sind.

Zurück zu Ihrem Glück. Zurück zu meinem Glück. Heute Morgen bin ich aufgewacht, links und rechts neben mir schlafende Kinder, meine Tochter und mein Sohn, acht und drei Jahre alt, wunderschön, engelsgleich. Mich durchströmte dieses ganz spezifische Gefühl, das man Glück nennt, eine Befindlichkeit, für die es kaum Worte gibt. Es ist wie eine warme Welle, die von einem Besitz ergreift, die einem blitzartig die Erkenntnis vermittelt: Alles ist gut. So muss das Leben sein. Immer.

Seit ich Kinder habe, erlebe ich sehr viele solcher Augenblicke. Ich bin dankbar dafür. Und sie tragen mich eine Weile durch den Tag, aber nicht durchs ganze Leben. Das muss man wissen. Da muss man als Frau noch zusätzlich etwas in petto haben.

Meine schlimmsten emotionalen Abstürze erlebe ich, wenn ich nach dem Frühstück die Wohnung aufräume. Draußen tobt das wilde Leben, meine Kolleginnen stehen mit Netzstrumpfhosen in der U-Bahn. Ich hingegen muss, wie jeden Morgen, die Küche fegen, bevor ich mich in mein Büro zurückziehen kann. Alles ist voller Krümel. Auf dem Boden, in den Ritzen des Kindersitzes. Furchtbar. Eine unerfreuliche Folge des Kinderhabens. Ich denke: jeden Morgen machst du das. Meine Stimmung sinkt. Dann fällt mir wieder ein: Kinder gut – Hausarbeit ein Horror.

Jetzt sehe ich wieder Sie vor mir. Ich bin sicher: Ihnen gefällt das auch nicht. Das ist doch wirklich ein Horror, den nicht nur ich als solchen empfinde, weil ich besonders schlechte Nerven habe. Wer den ganzen Tag mit den Kindern zu Hause ist, produziert viel Dreck, muss fegen, wischen. Der Frust wächst. Die anderen Frauen Europas umgehen diesen Abgrund elegant. Sie gehen einfach arbeiten. Die Krümel liegen dann in der Krippe, im Hort, in der Ganztagsschule. Abends oder am Nachmittag kommen sie nach Hause, rollen sich mit den Kindern über einen krümelfreien Boden. Bevor sie schlafen gehen, stellen sie noch eine Wäsche an – das war es dann.

Damit wir uns nicht falsch verstehen: Während ich das hier schreibe, überlege ich im Hinterkopf auch, ob es heute Spinat mit Rührei und Kartoffeln oder Tomatensuppe gibt.

Der Haushalt muss gemacht werden. Wichtig ist, welchen Stellenwert Sie dem Haushalt einräumen. Eine Gretchenfrage von mir: Wollen Sie eine gute Hausfrau sein? Oder eine gute Mutter? Oder: eine Mutter, die sich gut fühlt? Fühlen Sie sich nur gut, wenn alles gebügelt ist? Woher kommt das? Ist das Ihr Gedanke, Ihr Lebensgefühl, Ihr Bedürfnis? Beantworten Sie sich bitte diese Fragen ganz ehrlich.

Objektiv gesehen ist das Bügeln der meisten Textilien überflüssig. Karl Lagerfeld schwärmt auch von gebügelter Bettwäsche, legt sich jeden Tag in sein frisch bezogenes Bett. Er lässt allerdings bügeln und lässt beziehen. Was sein muss, ist eigentlich das Kochen (entfällt in der Ganztagsschule auch), das Waschen, das Saubermachen. Wer den Organismus »Haushalt« nicht künstlich aufbläht und sich der wunderbaren Erleichterungen wie Waschmaschine und Spüler bedient, dem schenkt das Leben viele freie Stunden, die darauf warten, mit befriedigender Arbeit gefüllt zu werden.

Es bleiben nicht viele Gründe für das Hausfrauendasein. Wenn den Befürwortern des Lebens als Vollmutter kein Argument mehr bleibt, was das Glück der Kinder angeht, kommen sie auf die Person der Mutter selbst zurück. Dann wird das gängige Klischee der berufstätigen Mutter strapaziert, ein erbarmungswürdiges Ding. Sie sei doch permanent gestresst und unzufrieden, sie werde keiner Sache wirklich gerecht. Und erst recht nicht sich selbst.

Falsch. Eine neue Studie aus den USA beweist: Die Doppelbelastung in Familie und Beruf mündet – ganz im Gegenteil – oft in einer höheren Zufriedenheit! Die Interviewer der Psychologieprofessorinnen Rosalind Chait Barnett und Janet Shibley Hyde haben herausgefunden, dass ein Mensch umso glücklicher ist, je mehr Rollen er ausübt. Ärger und Stress in einem Bereich schlagen nicht durch, wenn Mütter noch einen anderen Wirkungsraum haben.

Das ist wahr wie nichts. Und logisch. Wenn meine Kinder mich ärgern, denke ich an meine Arbeit, und der Stress fällt von mir ab. Wenn meine Arbeit keine Freude macht, denke ich an meine zwei Kinder und wünsche meinen Chef auf den Mond. Ich wüsste nicht, wie ich entspannter sein könnte.

**Vorsicht, Falle!**

Die Mythen, die in Deutschland das mütterliche Bewusstsein vernebeln, haben es in sich. Kinder brauchen die Dauerpräsenz ihrer Mamis, für Mamis macht das Kinderkriegen keinen Sinn, wenn sie ihrem Nachwuchs nicht 24 Stunden auf der Pelle hocken. Dazu noch die Hormone und die Verinnerlichung dieser typisch weiblichen Schwäche »Mir ist alles zu viel«. Da katapultiert eine Frau sich gern und schnell ins berufliche Abseits, hält sich stur an den Mythen fest, benutzt sie als Existenzberechtigung.

Ich gebe zu: Es braucht viel Mut, diesen ganzen Ballast über Bord zu werfen. Ich lege es Ihnen dringend ans Herz, weil ich davon überzeugt bin, dass das einmalige Aufraffen, wieder zu arbeiten, sich auf das ganze Leben gesehen lohnt.

Ziehen Sie nach einem Jahr mit Ihrem Kind Bilanz: Wo wollen Sie in zehn Jahren stehen? Wie lassen sich in Ihrem Fall Familie und Beruf vereinbaren?

## **Mutterglück mit Haushälterin?**
## Vasenrücken als Lebensinhalt

Vielleicht macht Ihnen der Haushalt keine Probleme, weil Sie keinen Haushalt führen. Sie haben einen Mann, der genug Geld nach Hause bringt, beschäftigen Haushälterin und Putzfrau und denken: Lass die doch schwadronieren, die Ehrenberg. Wischen, fegen – pah! Dafür habe ich Personal. Ich kümmere mich um die großen Dinge des häuslichen Lebens, mache es uns richtig schön. Weihnachtsdekoration, Osterdekoration, Blumenschmuck für jedes Zimmer. Außerdem hole ich die Jungs vom Hockey ab, bringe die Mädchen zum Ballett. Ich habe gar keine Zeit für etwas anderes.

Nun gibt es keine wissenschaftlichen Untersuchungen darüber, wie sich Zufriedenheit dauerhaft über die Beschäftigung mit Innendekoration konstituiert. Ich stelle mir das längerfristig langweilig vor. Und Langeweile ist ein großer und mächtiger Feind des Glücks.

Ich weiß allerdings auch, dass bei Hausfrauen die Uhr anders tickt. Die Frauen, die ich kenne, die nicht arbeiten, haben unglaublich viel zu tun. Aus meiner Sicht schlagen sie die Zeit tot. Je älter die Kinder werden, umso mehr. Was soll man auch groß machen, wenn die Kinder zehn, zwölf

Jahre alt sind? Die kommen aus der Schule, essen etwas, machen Schularbeiten, treffen sich mit Freunden, müssen nicht mehr abgeholt werden. Die sieht man nur noch von hinten. Ich frage Sie jetzt von Frau zu Frau: Wenn es bei Ihnen so weit ist, was wollen Sie dann tun?

Dann haben Sie richtig viel Zeit, zu viel Zeit, die wie eine graue Masse vor Ihnen liegt und den *Reiz der Freizeit* verloren hat. Viele Frauen drehen dann richtig am Rad, fangen an, jeden Tag die Wohnung neu zu dekorieren. Wechseln alle drei Monate die Wandfarbe. Besorgen wöchentlich frische Blumen für jeden Raum. Aus den Frauen werden »Vasenrückerinnen«. Das ist der Prozess, den ich auch bei mir bemerkte, als ich versuchte, die Falten der Wohnzimmer-Vorhänge parallel zu drapieren. Fast hätte ich zum Zentimetermaß gegriffen, um sicherzugehen, dass zwischen den einzelnen Falten stets der gleiche Abstand ist.

Mir wird schon beim Schreiben ganz anders, wenn ich an diesen Moment zurückdenke, wie ich da vor den Vorhängen hocke. Kann gut sein, dass Sie jetzt sagen: Mir macht das Spaß. Sie sind doch eine vernünftige Frau: Was soll aus Ihrem Geist werden, wenn er außer der Entscheidung, zwischen diversen Vasen und Dekorationsgegenständen zu wählen, nichts mehr zwischen die Zähne bekommt? Im Ernst. Irgendwann werfen Sie eine Vase an die Wand und fragen sich: Was mache ich hier eigentlich? Noch schlimmer, Ihre Kinder fragen: »Mama, was tust du eigentlich den ganzen Tag?« Kinder fragen so etwas.

Kennen Sie »Mother's little helpers«? So heißen in Amerika Tranquilizer, das sind Beruhigungsmittel, die vorzugsweise die gepflegten Mütter aus den gepflegten Vororten schlucken. Weil sie einen Klaps kriegen beim ständigen Vollziehen banaler Handlungen.

Die besonders privilegierten Mütter und Hausfrauen sind oft besonders unglücklich! Wie sagt meine Kosmetikerin so treffend: »Wenn die hier in der Kabine sind, eine Kaviarmaske auf dem Gesicht, dann fällt die andere – die gesellschaftliche – Maske von ihnen ab, dann wird nur noch geheult.« Der Mann hat eine Geliebte, die Kinder sind frech und verwöhnt, die Schönheit vergeht, die ersten Falten kommen, die Innenseiten der Oberschenkel hängen. Was bleibt, ist das Geld. Mit diesem Geld kann man die Innenseiten der Oberschenkel straffen. Fraglich ist, wem das zum Glück verhilft. In Wahrheit interessiert sich das Glück nur am Rande für jene temporäre Freude, die jugendliche Oberschenkelinnenseiten bereiten. Dann geht es weiter, das Glück. Vorbei an den festen Schenkelchen zu einem Menschen, wo es sich wohler fühlt. Geld kann dabei unterstützen, glücklich zu werden, aber es ist nicht die wichtigste Bedingung. Dieses Thema ist hinreichend erforscht. Es ist immer wieder in der Zeitung zu lesen, dass auch Lottogewinner nach einem Jahr eben nicht signifikant glücklicher sind. Und Millionäre von Geburt an auch nicht. Was machen Sie erst, wenn Ihr reicher Mann Sie verlässt, weil die Kaviarmaske nicht mehr anschlägt, weil Sie ihm zu alt geworden sind – und er sich eine Jüngere sucht? Das kommt in diesen Kreisen alle naselang vor. Und wenn Sie einen beinharten Ehevertrag unterschrieben haben, weil Sie zu Anfang der Ehe arm waren wie eine Kirchenmaus? Dann werden Sie als eine sehr arme und dann auch noch alte Kirchenmaus ein trauriges Leben führen. Und müssen vielleicht doch noch putzen gehen.

Der einzige Ausweg aus dieser Sackgasse ist, dass Sie als Frau selbst vermögend sind. Das ändert alles nichts am langweiligen Vasenrücken, das bleibt gefährlich für Ihr Seelenheil. Doch ich gebe zu: Wer schon einmal über drei wesentliche Glücksfaktoren (1. Ein Kind oder mehr. 2. Eigenes Vermögen, völlige Unabhängigkeit vom Mann. 3. Haushälterin.) verfügt, steht schon fast auf der sicheren Seite.

**Vorsicht, Falle!**

Einen reichen Mann heiraten, ihm Kinder schenken, das ist ein uralter Trick, eine Lebensversicherung seit Jahrhunderten. Seitdem die Geschichte entdeckt hat, dass Frauen Köpfchen haben, ist es aus meiner Sicht eine fragwürdige Ehre, der Selbstverantwortung zu entkommen.

Ich gönne jeder Mutter ein bequemes Leben, freue mich mit ihr über jeden Krümel, den sie nicht selbst wegsaugen muss. Ich bin aber sicher, dass Bequemlichkeit, die ständige Beschäftigung mit äußerlichen Dingen wie Innendekoration und Schönheit für das Seelenheil eine gefährliche Sache ist, die am Ende genauso unglücklich macht, wie von morgens bis abends zu putzen.

## Meine Mutterfreundinnen

### Warum auch die tollsten lieber nicht arbeiten

Bis auf wenige abschreckende Beispiele sind die Vollzeitmütter in diesem Buch bis jetzt nur als abstrakte Gruppe vorgekommen, als wären sie mir nur aus der Ferne bekannt, als sei diese Gruppe mein persönliches Feindbild, auf das ich mich eingeschossen habe. Das und meine spezielle Einschätzung mütterlichen Glücks könnten Kritiker dazu verführen, mir vorzuwerfen, ich könne deshalb deren Leben überhaupt nicht beurteilen und mir ansonsten die Ergebnisse der Glücksforschung in die Haare schmieren.

Das Gegenteil ist der Fall. Es gibt so viele Frauen in Deutschland, die nicht arbeiten, da wäre ich eine einsame Frau, wenn ich nicht Freundinnen hätte, die kaum oder gar nicht arbeiten. In meinem persönlichen Umfeld gibt es sagenhaft liebenswerte Frauen – 100-prozentig keine Übermütter, die mir oder anderen Frauen ein schlechtes Gewissen machen. Fast alle Vollzeitmütter, Hausfrauen. Ich kenne wirklich viele Frauen, weniger als eine Hand voll davon hat eine so genannte »Karriere« gemacht.

Meine Vollzeitmütterfreundinnen sind Frauen mit Kindern, die sich ihre starke Persönlichkeit und Lebhaftigkeit bis jetzt erhalten haben, mit denen ich stundenlang über unsere Kinder sprechen kann, ohne jeden Konkurrenzkampf, welches Kind klüger oder schöner ist. Wir heulen und lachen, trösten uns, wenn wir unsere Kinder angeschrien haben (tut der Mutter immer am meisten Leid), tauschen Rezepte, leihen uns gegenseitig Bücher aus. Wir machen Kurzreisen ohne die Kinder, weil wir wissen, dass Mütter manchmal ohne Kinder sein müssen. Im Fall einer Scheidung würden wir uns gegenseitig aufnehmen.

Dieser weibliche Zusammenhalt ist die halbe Miete, wie ich bereits in der Einleitung gesagt habe. Für mein Lebensglück, mein Mutterglück auf alle Fälle!

Ja – aber eben nur die halbe. Größtmögliche finanzielle Unabhängigkeit ist die andere. Ich müsste lügen, wenn ich sagen sollte, dass diese Freundinnen nicht auf eigenes Geld angewiesen wären. Denn einige sind nicht gerade zufrieden mit ihrer Ehe, um es milde auszudrücken. Und das ist der Punkt! Ich kenne kaum eine Frau oder Leserin, die mit Ende dreißig oder Anfang vierzig richtig glücklich ist. Sie wissen nicht, was sie wollen oder was ihnen fehlt. Es ist ein diffuses Gefühl der Leere. Im Zentrum der Diskussionen über ein besseres Leben im falschen Leben steht das Ungenügen am Mann. Trennungsabsichten werden formuliert. Dabei bleibt es.

*Die meisten kommen nicht weg, weil Scheidung und das Angewiesensein auf Unterhaltszahlungen drastische Lebensveränderungen mit sich brächten, so dass meine Freundinnen lieber aushalten und auf ein Wunder warten.*

Es gibt Ehen, da hätte die Frau bereits nach einem Jahr die Flinte ins Korn werfen sollen, weil sie wirklich gequält wird. Weil der Mann ein notorischer Fremdgeher ist, sie schlägt oder trinkt.

In einer solchen Situation bleiben zu müssen, ist doch das Schlimmste. Ich kann es nicht fassen, dass es solche Not überhaupt noch geben muss. Es gibt sie auch, weil Frauen trotz günstiger Scheidungsregelungen einfach abhängig sind. Ich bin sicher, dass die Scheidungsfälle nur der Gipfel des unglücklichen Ehe-Eisbergs sind. In meinem Umfeld gibt es nicht viele geschiedene Menschen. Leider. Ich sage nicht »leider«, weil ich ein Freund von schneller Trennung bin. Im Gegenteil. Ich bedauere diesen Umstand, weil so viele Frauen hoffnungslos traurig sind in ihrer Ehe.

Zwei Beispiele aus dem Frauenleben unserer Tage für das Arrangement mit der Abhängigkeit – und für handfestes Leid:

Eine meiner liebsten Freundinnen bezeichnet sich selbst als glückliche Frau. Was sie vorzuweisen hat, ist beachtlich: zwei wunderschöne und begabte Kinder, ein Haus, einen Hund, einen kleinen, aber anspruchsvollen Job. Der Ehemann ist ein Idiot. Sie hat sich vertan, zu ihm fällt ihr nicht viel ein. Außer: Er verdient gut. Sie findet: Wem so viel Gutes widerfährt, der kommt mit einem einzigen Mangel in einem so reichen Leben klar. Ihr größtes Opfer ist der wöchentliche Geschlechtsverkehr. »Ich bin eine Edelprostituierte«, sagt sie. »Es ist mir die Sache wert. Das schöne Haus, der Hund, die Kinder. Man kann sich ja auch einen Liebhaber nehmen …«

Eine andere Freundin von mir versucht sich auch an diesem Konzept, es geht aber nicht. Sie kriegt diesen Beruhigungsgeschlechtsverkehr nicht hin, weil sie sich so ekelt vor ihrem Mann. Und er macht ihr, vom Testosteron gepeinigt, das Leben zur Hölle. Das geht zu weit, finde ich. Da ist die Schmerzgrenze überschritten. Da sollte man weg – wenn man kann.

*Wenn man kann!*

Beachtlich und bedenklich oft liegt das mütterliche Unglück bei näherer Betrachtung oft nicht am Partner. Ich beobachte, dass sich bei den Frauen nach einigen Jahren zu Hause eine Unzufriedenheit einschleicht und dass sie es dem Mann übel nehmen, dass er sich hauptsächlich im Job engagiert und selten daheim ist. Unbewusst verübelt die eine oder andere ihrem Mann auch, dass er die Möglichkeit hat, so viel Selbstbestätigung aus dem Beruf zu ziehen. Gerade, wenn die Frauen sehr intelligent sind und ihre häusliche Tätigkeit im Widerspruch zum großen Spektrum ihrer Möglichkeiten liegt. Das Merkwürdige ist, dass die meisten Frauen überhaupt nicht daran denken, dass die Unzufriedenheit an ihrer häuslichen Isolation liegen könnte.

Das Lebensgefühl, das in diesen Ehen herrscht, lässt sich am besten mit Enttäuschung beschreiben. Grenzenlose Enttäuschung. »Ich habe mir das alles anders vorgestellt«, sagt eine liebe Freundin von mir fassungslos, als sie nach einem Abend voller Tränen Bilanz zieht über ihr Leben. Hätte die Mutter dieser Freundin die gleiche Lebensgeschichte vor 30 Jahren Alice Schwarzer erzählt, hätte die wie aus der Pistole geschossen geantwortet: »Schwester, du brauchst einen Job. Denke an die gute alte Kämpferin für unsere Rechte, die begnadete Schriftstellerin Virginia Woolf, die gesagt hat, eine Frau brauche 500 Pfund im Jahr und ein eigenes Zimmer.«

Ich sage meinen Freundinnen genau das Gleiche. »Schwestern, ihr braucht einen Job!« Leider ziehen die wenigsten daraus eine Lehre. Warum tun sie sich das an?

Viele erliegen eben auch den tückischen Mami-Fallen, haben sich manipulieren lassen oder sich selbst manipuliert. Dieser Mama-Mechanismus, wie er nur in Deutschland existiert, ist komplex, untergräbt subtil Autonomiebestrebungen von Frauen, lässt sie den Wald vor Bäumen nicht mehr sehen. Ich werfe das keiner meiner Freundinnen vor, eben weil sie so unprätentiös sind als Mütter. Wir machen nicht mit beim Mütterstreit, es gibt bei uns kein unerfreuliches Gerangel über mütterliche Fähigkeiten und berufliche Ambitionen. Es geht gerade bei Freundinnen um deren Glück!

Dieses Buch wäre nicht entstanden, wenn ich nicht so viele Tränen getrocknet hätte. Gerade aus dem Zusammensein mit meinen verzweifelten Freundinnen speist sich meine Arbeit. Wie oft sitzt eine von diesen Müttern bei mir auf dem Sofa, weint, klagt – leidet. Das ist dann auch nicht mehr der übliche Hausfrauen- oder Ehefrust: Das ist richtiges Unglück.

Ich gehe jede Wette ein, dass es jeder Einzelnen besser ginge, wenn sie theoretisch in der Lage wäre, ihre Kinder zu schnappen und zu gehen. Oder wenn sie die Möglichkeit hätte, aus freien Stücken zu bleiben, weil sie ihren vermeintlich falschen Ehemann plötzlich mit anderen Augen sieht. Mit den Augen der Liebe. Frei liebt es sich am besten. Ich habe schon viele Ehetheorien auf ihre Haltbarkeit überprüft. Die Geschichte hat viele Ehetheorien auf ihre Haltbarkeit überprüft. Man kann es drehen und wenden, wie man will, eine Sache kommt immer heraus: Die beste Bedingung für eine erfüllende Ehe ist, wenn beide sich aus freien Stücken lieben. Zu Beginn der Ehe – und auch später, wenn Kinder auf der Welt sind. Wenn nicht einer der Partner, meistens der Mann, auf der einen Seite Geliebter ist und auf der anderen Seite der Versorger.

*Eine Versorgungsehe und eine Liebesehe schließen sich nach meiner Auffassung von Liebe aus.* Für eine Phase ist das in Ordnung, wenn ein Partner zum Beispiel arbeitslos oder krank ist. Als Lebensbasis muss gelten: Jeder muss gehen können. Wer nicht gehen kann, weil er einen Versorger braucht, liebt nicht aus freien Stücken. Er muss. Er ist abhängig. Das sabotiert eine Liebe nicht in den ersten Jahren, aber auf die Dauer (in der Ehe geht es per se um Dauer!). Die Abhängigkeit ist ein sehr gefährlicher Zündstoff.

Eine moderne und glückliche Frau ist eine ebenbürtige Partnerin – in jeder Hinsicht. Meine Kollegin Wäis Kiani fasst dieses Ideal in treffende Worte:

*Ein Mann lässt sich nicht zum Spielzeug oder zum Sklaven einer Frau machen. Umgekehrt ist auch sie nicht sein Spielzeug, jedenfalls nicht immer, und er lässt sich nicht von ihr bedienen und bemuttern. Um das zu vermeiden, legt ein Mann Wert darauf, dass keiner vom anderen abhängig ist. Abhängigkeit markiert den Anfang eines steinigen Weges, der geradewegs in die Hölle führt. Und nicht mehr raus.*

Das mit der Hölle würde ich unterschreiben. Nehmen wir an, eine Ehe gerät in eine ernsthafte Krise. Die Frau hat kein eigenes Geld, ist natürlich unterhaltsberechtigt. Wenn der Mann dann nur bei der Familie bleibt, weil ihn eine Scheidung ruiniert, weil er keine Lust hat, in eine Einzimmerwohnung zu ziehen, ist das doch wirklich demütigend für eine erwachsene Frau. Und wenn er doch geht nach 25 Jahren, in denen die Ehefrau nicht gearbeitet hat – was wird mit ihrer Rente? Wer versorgt sie im Alter?

Die Lösung für 98 Prozent aller Probleme von Müttern liegt darin, dass sie freiwillig leben wie ihre Großmütter. Im Gegensatz zu diesen *könnten* sie sich jedoch für ein anderes Leben entscheiden. Die Möglichkeit, wieder arbeiten zu gehen oder zu Hause zu bleiben, ist keine Erweiterung, sondern ein Fallstrick.

Was für ein Labsal für das Gemüt, endlich einen Platz in der Welt zu finden, der außerhalb des biologischen Mutter-Reservats liegt. Wie sich Erfolg anfühlt, wie selbstverdientes Geld in den Händen knistert und das Herz zum Hüpfen bringt. Ich wünschte, ich könnte meinen Freundinnen (und auch Ihnen) das Gefühl »leihen«. Ich erinnere mich daran, wie eine Freundin von mir bei uns auf dem Sofa saß, sie war begeistert von einem neuen Kissen, das ich am Tag zuvor gekauft hatte. Ich war noch nicht dazu gekommen, den Preis abzumachen, sie schluckte schwer, als sie sah, dass dieses Kissen nicht gerade ein Schnäppchen war. Ihr Mann war dabei, und sie sagte mit einem resignierten Seitenblick auf ihn: »Ich würde was zu hören kriegen, wenn ich so viel für ein Kissen ausgeben würde. Du hast Glück, dass du eigenes Geld hast.« So ist das mit dem Geld. Es gilt: Wer zahlt, schafft an, hat die Macht.

Wenn ich zu diesem Punkt komme, höre ich das Argument, dass der Hausfrauenpart in der Familie ja auch entlohnt werden müsse. Wem erzählen Sie das? Die Arbeit zu Hause ist 2500 Euro im Monat mindestens wert – ohne

Nachtzuschläge. Es geht mir überhaupt nicht darum, diese Arbeit für wertlos zu erklären, das habe ich schon mehrere Male gesagt. Aber der Lohn dafür ist nicht das, was ich unter »eigenes« Geld verstehe. Eigenes Geld verdient man mit seinem eigenen Beruf: als Lehrerin, als Verkäuferin, als medizinisch-technische Assistentin. Meinetwegen auch als Haushälterin, warum nicht, das ist ein komplexer Job.

In den letzten Wochen habe ich noch einmal in meinem Umfeld gefragt, warum Frauen nicht mehr an ihren Arbeitsplatz zurückkehren. Nur eine Frau hat mir eine entwaffnend ehrliche und erstaunliche Antwort gegeben, die mich zudem erheiterte. Auf die Frage, warum sie nicht wieder in ihren Beruf gegangen sei, antwortete sie: »Ich bin zu faul.« Ihre Kinder sind acht und zwölf, gehen zur Schule. Mittags gibt es eine warme Mahlzeit, dann machen sie Hausaufgaben, anschließend sind sie weg. Kommen gegen Abend zurück, verlangen nach einem Abendessen, sehen ein wenig fern, erzählen von ihrem Tag. Licht aus.

Diese Frau hat zwei qualifizierte Ausbildungen, ist unglaublich fähig. Und als ich sie kennen lernte, war sie auch sehr ehrgeizig. Dann folgte der übliche Lebenslauf: zwei Kinder, zwei Mal hintereinander drei Jahre Erziehungsurlaub. Jetzt ist sie weg vom Fenster. Mit dem Haushalt ist sie nach zwei Stunden durch. Dann hält sie mit ihren Nachbarinnen ein Schwätzchen. Jetzt schon weiß sie, dass ihre Unglücksuhr läuft. Sie weiß es wirklich. Wer so ehrlich ist und sich zur Faulheit bekennt, der macht sich auch sonst nichts vor. Aus der mittelschweren Frustration und Langeweile, die sie schon jetzt manchmal empfindet, wird handfestes Unglück, wenn die Kinder ausziehen. Dann ist sie

Ende vierzig. Eine Frau in den besten Jahren. Das ist genau der Weg, den ich für viele ihrer Geschlechtsgenossinnen prognostiziere.

Ich zolle dieser Frau großen Respekt, dass sie die Karten auf den Tisch gelegt hat. Die meisten Frauen laufen mit Scheuklappen durchs Leben, ducken sich, schauen den Ursachen und Konsequenzen ihres Handelns nicht ins Gesicht. Oder sie verschieben ihr Leben auf später. Es gibt noch härtere Fälle, Mütter mit einem Schulkind und Putzfrau, die den Vormittag im Bett verbringen, nachdem der Vater das Kind zur Schule gebracht hat. Am Nachmittag spielt das Kind mit seinen Freunden, und die Frau liegt im Liegestuhl. Solche Frauen rennen jahrelang zum Psychiater, dabei würde es ihnen gut tun, einfach zu arbeiten.

Ist es wirklich die Faulheit, die deutsche Frauen davon abhält zu arbeiten? Warum sollten deutsche Frauen fauler sein als andere Europäerinnen? Fleiß gilt schließlich als Kardinaltugend der Deutschen. Warum sollte das weibliche Geschlecht davon ausgenommen sein? Sind deutsche Frauen zu faul zum Glück?

Ich kenne viele Frauen, die so sind, wie diese mit sich selbst so schonungslos ins Gericht gehende »faule« – nämlich klug und qualifiziert. Und die auch ambitioniert und ehrgeizig waren, bevor die Kinder kamen. Geschichte wollten sie schreiben, die Welt verbessern, oder einfach nur richtig Kohle machen. Ich frage mich, welche Zäsur geschlagen wird in dem Moment, in dem eine Frau in Deutschland Mutter wird. Irgendetwas, nichts Gutes, geschieht, das signifikant anders ist als im europäischen Ausland und in den USA.

**Vorsicht, Falle!**

Liebe Leserin, dieses Kapitel war mir wichtig, um noch einmal Klarheit zu schaffen über meinen Standpunkt. Falls noch jemand denkt, ich führe hier einen einsamen Kampf gegen ein ominöses Feindbild oder ich sei gar neidisch auf die Freizeit von Hausfrau-Müttern. Beides ist nicht der Fall. Wenn ich sie am helllichten Tag irgendwo hocken sehe, tun sie mir Leid. Dann läuft vor meinem geistigen Auge ein Film ab. Ich sehe diese Frauen mit Ende vierzig. Sie werden ihre Zeit vielleicht mit Hobbys ausfüllen. Trotzdem: Ich sehe nichts Gutes. Ich sehe, wie sie ihren Kindern auf die Nerven gehen. Ihrem Mann. Vielen meiner Herzensfreundinnen könnte es so ergehen. Deshalb: Folgen Sie mir, ich habe dieses Buch als Freundin geschrieben. Freundinnen, die schonungslos ehrlich sind, sind gute Freundinnen.

Überwinden Sie Ihren inneren Schweinehund, hören Sie damit auf, nur um Kinder und Haushalt zu kreisen. Gehen Sie raus in diese herrliche Welt. Man wartet nur auf Sie.

## Das Hänsel-und-Gretel-Syndrom

Deutsche Mütter geben ihre Kinder nicht weg

In ihrem Buch »Die deutsche Mutter« beschreibt Barbara Vinken ein Foto aus der amerikanischen Presse, das für Furore sorgte, weil es das Selbstverständnis der amerikanischen berufstätigen Mutter spiegelt. Das Foto zeigt die berühmte Designerin Donna Karan aus New York, die ihre Mitarbeiter um ihr Wochenbett versammelt, um aus den Freuden der Mutterschaft heraus eine ungebrochene Arbeitskraft zu beweisen und aus ihr zu schöpfen.

Ein Lebensgefühl, das ich aus Deutschland kaum kenne. Ich habe es allerdings persönlich erlebt, dass aus der Mutterschaft unglaubliche Energien erwachsen können für die anderen Bereiche des Lebens. Und nicht umgekehrt – dass die anderen Dinge des Lebens jahrelang in der Versenkung verschwinden. So war es früher.

Die Hausarbeit, die Kinder – das hat die Frauen total in Anspruch genommen, da blieb nicht ein winziges bisschen Zeit für sie selbst. Die Frauenbewegung hat hier für einen radikalen Wandel gekämpft. Selbst bei mir war es noch so, dass meine Familie dachte, der Besuch einer Realschule reiche, weil ich ja ohnehin heirate. Bis 1963 musste eine Frau in Deutschland ihren Mann fragen, ob sie arbeiten darf.

Welche junge Frau, die das Hohe Lied der Haufrau singt, weiß denn noch, wie geknechtet Frauen waren. Das ärgert mich. Wir können auf die Knie fallen und danke sagen, dass sich daran etwas geändert hat.

Die moderne Mutter interessiert sich nicht mehr für diese Akte der Befreiung. *Sie sieht ihre Befreiung darin, zu Hause bleiben zu können.* Unlängst wurde ich von einer Frau beschimpft, dass ich damit »angebe«, dass ich so früh wieder gearbeitet habe. Unsinn. Ich finde es selbstverständlich und würde das nie erwähnen, wenn ich mich nicht ständig rechtfertigen müsste. Das 50er-Jahre-Familienmodell feiert in Deutschland ein sagenhaftes Comeback. Die feministischen Forderungen der siebziger Jahre stoßen mehr und mehr auf taube Ohren. Mehr noch: Das Blatt hat sich völlig gewendet. Ich höre oft, dass deutsche Mütter aufgrund der schlechten Arbeitsmarktlage herausgedrängt werden aus dem Berufsleben. Meiner Meinung nach tut das den meisten nicht wirklich weh.

Nur rund fünf Prozent der deutschen Frauen kehren nach ihrem Mutterschutz auf ihre volle Stelle zurück – in Frankreich sind es 70 Prozent. Rund zwei Drittel der berufstätigen Mütter in Deutschland arbeiten Teilzeit.

Was die Arbeitszeit angeht, belegen die deutschen Frauen im Europa-Vergleich einen der untersten Plätze. Die überaus angenehme und luxuriöse Möglichkeit, drei Jahre Elternzeit zu nehmen, ist vordergründig zwar ein großer Gewinn, katapultiert Frauen aber nachhaltig aus dem Berufsleben hinaus. Erziehungsurlaub wird zur Karrierefalle und dann zur Mami-Falle, und das aus freien Stücken. Wer sich drei Jahre nicht um seinen Job kümmert, kennt die Anforderungen nicht mehr, hat die Veränderungen verpasst.

Die Werbung deutet die Zeichen der Zeit. Ein Spot, der für Staubsauger wirbt, zeigt eine schicke Frau im kleinen Schwarzen, mit Sektglas in der Hand. Sie antwortet einer zickig wirkenden und demonstrativ auf unsympathisch gemachten Geschlechtsgenossin auf die Frage, was sie beruflich mache: »Ich leite ein kleines, erfolgreiches Familienunternehmen.« *Eine Familienmanagerin* – aha. Ein neuer Beruf, für den es schon Preise gibt. Ende des vergangenen Jahres zeichnete die Staubsaugerfirma zusammen mit der Fernsehzeitung »Hörzu« die »Familienmanagerin 2004« aus. Gewinnerin war eine Ärztin, die von ihrem Mann vorgeschlagen wurde. Sie hatte die Wahl: Karriere oder Kinder. Die verlockendsten Angebote lagen vor. Doch die Frau entschied sich für die Familie, da die Rahmenbedingungen fehlten, um Beruf und Kinder zu vereinbaren. Sechs Kinder hat sie heute. Das Staubsaugerunternehmen spendierte als Ausgleich für die fehlende gesellschaftliche Anerkennung einen Smaragdring. Statt OP-Handschuhen einen Klunker.

Mir bleibt die Spucke weg. Wieso hat da keiner demonstriert? Wenn ich das gewusst hätte, hätte ich das Gebäude gestürmt. Zu allen Zeiten haben Frauen Ringe bekommen, um den Erfolg ihres Mannes zu repräsentieren oder als Entschuldigung für vergangene Lebensfreude, als Kompensation für das triste Leben zu Hause. Das ist reaktionär und beleidigend. Und warum hat dieser alte/neue Zopf einen neuen Namen, »Familienmanagerin«?

Auf der einen Seite ist es wieder in Ordnung, Hausfrau

zu sein. Warum brauchen wir dann eine neue Terminologie? Weil ein neuer Name eine alte Tätigkeit aufwertet? Da ist auf jeden Fall ein Bruch in der Logik. Im Bewusstsein der Hausfrauen, im Bewusstsein der Männer. Wenn dieser Preis »Hausfrauenpreis« heißen würde, hätte sich keine Frau dafür beworben.

Wer nach Erklärungen für dieses Phänomen »Die deutsche Mutter sucht ihr Glück zu Hause, denn sie gehört zum Kind« sucht, stößt als Erstes auf das Thema »Betreuungsmisere«. Das ist stets das erste Argument. Frauen wollen arbeiten, es geht aber nicht. Schuldzuweisung gefällt mir prinzipiell nicht sonderlich, doch ich gebe zu: In Deutschland liegt in dieser Hinsicht manches im Argen. Wir haben für nur 1,5 Prozent der Kleinkinder Krippenplätze, von denen sind die wenigsten ganztags geöffnet.

Dass die Betreuungssituation in Deutschland katastrophal ist, steht außer Frage. Ich hätte meinen Job ohne Großeltern, Babysitter und Freunde nie geschafft. Ich frage mich aber: Was war hier zuerst? Die Henne oder das Ei? Wer will nicht, dass Mütter arbeiten? Wollen Mütter wirklich sehr gern arbeiten? Für den Paragraphen 218 sind so viele Frauen auf die Straße gegangen und haben ihre Ziele erreicht. Ich vermute: Hätte die Berufstätigkeit der Frau eine große Lobby, und zwar von Seiten der Frauen, gäbe es auch den entsprechenden Einsatz dafür.

Was wir brauchen: eine staatllich finanzierte und für Eltern völlig kostenfreie Kinderbetreuung, mit exzellent ausgebildetem Personal, das in vielen Fällen bestimmt weniger neurotisch ist als die Mutter. Diese Einrichtungen sollten Kinder ab einem Alter von drei Monaten aufnehmen, am besten rund um die Uhr geöffnet haben. In Ländern, in denen es diese Einrichtungen gibt, steigt die Geburtenrate rapide.

Wenn deutsche Mütter sich vehement für »Fremdbetreuung« interessieren würden, dann würden sie auf die Barrikaden gehen. Doch wie sagte neulich eine Mutter abfällig: »Das sind Kinderaufbewahrungsanstalten.« Ist das nicht schlimm?

Es ist auffällig, wie in Deutschland jede Diskussion über die Vereinbarkeit von Beruf und Familie in die Forderung nach einem umfassenderen Angebot staatlicher Kinderbetreuung mündet. Aber: Wie viele Frauen kennen Sie, die ihren Beruf in der Form aufgenommen haben, in der sie ihn ausübten, bevor sie Mutter wurden? Rund zwei Drittel aller berufstätigen Mütter arbeiten Teilzeit. Wieso soll unter diesen Umständen Geld in Ganztagsbetreuung investiert werden?

In Deutschland, wo man allem Gesellschaftlichen misstraut, ist die Betreuung außer Haus immer ein Notbehelf. Auf der einen Seite versichern mir viele Mütter, sie würden wieder arbeiten, wenn es entsprechende Betreuungsmöglichkeiten gäbe und fordern am Kaffeetisch ein umfassendes Angebot staatlicher Kinderbetreuung. Auf der anderen Seite fällt mir keine Mutter aus meinem Umfeld ein, die die Kaffeetafel verlassen würde, um ins nächstbeste Büro zu gehen, wenn sie ihr Kind gut untergebracht wüsste. Angesichts dieses tief sitzenden und unerklärlichen Misstrauens vieler Frauen, ihr Kind »in fremde Hände« zu geben, kann ich mir wirklich nicht denken, dass diese Betreuung tatsächlich erwünscht ist.

Ganztagskrippe ab sechs Monaten ist vielmehr eine Provokation für die meisten deutschen Mütter. Sie assoziieren wirklich diese Waisenhaussituation, von der eingangs die Rede war. Man fragt sich dann, wie es möglich ist, dass französische, skandinavische, amerikanische Kinder als Erwachsene so normal sind.

Der Ursprung dieser »Nur Mama ist die Beste«-Sichtweise ist mir fremd. Ich mutmaße: Liebe soll der Grund sein. Aber es geht doch nicht 24 Stunden am Tag um Liebe. Und: Ich weiß, dass es auch den Supermüttern schwer auf die Nerven geht, 24 Stunden am Tag mit den Kindern zusammen zu sein. Es geht um Erziehung, um Sachverstand, um Kenntnis der kindlichen Psyche. Warum soll eine Schneiderin oder eine Architektin ihr Kind besser erziehen können als eine qualifizierte pädagogische Fachkraft? Die meisten Frauen Europas vertrauen auf die Fähigkeiten professioneller Erzieher. Das tun sie nicht nur, weil sie so gern arbeiten. Nein, auch zum Wohl des Nachwuchses. Diese Frauen meinen es gut mit ihren Kindern! Und gut mit sich. Denn eine frühe Sozialisation unter Gleichaltrigen ist für Kinder unverzichtbar, weil sie Selbstständigkeit und Gemeinschaftssinn fördert.

Auch privat haben deutsche Mütter kein Vertrauen in Fremdbetreuung. Im Gegensatz zu anderen europäischen Ländern liegt in Deutschland der private Dienstleistungssektor für professionelle Kinderbetreuung brach. Wo keine Hilfe beansprucht wird, wo keine Nachfrage besteht, entwickelt sich natürlich auch kein Angebot. Und sicher spielt es auch eine Rolle, dass Kinderfrauen – anders als in Frankreich, Belgien und Schweden – in Deutschland bis jetzt nicht von der Steuer abgesetzt werden konnten. Stattdessen hat es das deutsche Steuerrecht belohnt, wenn verheiratete Frauen zu Hause bleiben. So tragen sowohl die gesellschaftlichen Bedingungen als auch die kulturelle Norm dazu bei, dass Frauen die Mutterrolle mit Selbstaufgabe gleichsetzen. Und all das in einer Zeit, in der die Gesellschaft die weibliche Selbstbestimmung endlich gutheißt. Es herrscht ein Mutterschaftsmythos vor, der den Frauen genau diese Selbstverwirklichung verweigert.

Ich will überhaupt nicht leugnen, dass es schwer ist, sich von seinem Kind abzunabeln. Es tut weh, es braucht Zeit. Als ich mein zweites Kind im Alter von knapp zwei Jahren in die Krippe gegeben habe, ist mir fast das Herz gebrochen. Ich hockte neben dem Telefon, wartete darauf, dass die Erzieherin mich anruft, weil er nach mir schreit. Es verging Stunde um Stunde, nichts geschah. Ich rannte zum Kindergarten – und sah meinen Kleinen glücklich mit den anderen Kindern spielen. Mir wurde wieder klar, was ich rational schon vorher wusste: Er braucht mich nicht rund um die Uhr. Überhaupt nicht. Dann sollte ich ihn auch nicht brauchen.

Ich komme noch einmal zur abfälligsten Bemerkung, die eine Übermutter zu diesem Thema machen kann: »Wozu hat denn eine Frau Kinder bekommen, wenn sie sie weggibt? Eine Frau gehört zu ihrem Kind.« Dieser Kernsatz aus den Pädagogikbüchern der fünfziger Jahre hält sich hartnäckig in den Köpfen deutscher Frauen.

Wenn ich so etwas höre, bleibt mir jedes Mal die Luft weg. Genauso gut könnte ich sehr fies fragen: Wieso hat diese Frau Kinder bekommen? Als Rechtfertigung, um den Rest ihres Lebens auf dem Sofa zu hocken und Kaffee zu trinken?

Wozu also bekommen Frauen Kinder – und geben sie weg? Ganz einfach: weil es das Normalste auf der Welt ist, Kinder zu kriegen und zu arbeiten. Eine Mutter muss nicht ihr Leben komplett ändern, geschweige denn ihren Beruf aufgeben. Ein Kind sollte einfach in das Leben integriert werden. Wenn Sie so wollen: beiläufig. *Die Eigenschaften, die eine »gute« und glückliche Mutter braucht, sind: Unbefangenheit, Leichtigkeit, Selbstverständlichkeit.* In Deutschland wird das Kind zum alleinigen Sinn und Zweck des Lebens der Mutter. Daraus soll Mutterglück erwachsen? Von den Kindern will ich gar nicht reden. So verhätschelt, werden auch sie ein Fall für den Psychiater. Therapeuten sehen diesen grundsätzlichen Wandel in der Struktur der Familien mit großer Sorge. In der um das Kind zentrierten Familie quält sich nicht nur die Mutter mit unrealistisch hohen Ansprüchen an sich selbst, sondern auch das Kind! Diese von den Müttern gezüchtete Abhängigkeit kann eine ganze Familie unglücklich machen.

**Vorsicht, Falle!**

Lassen Sie sich nicht verführen durch die Propagandisten der neuen Mütterlichkeit. Jeder Mensch ist in seiner Kultur verwurzelt, nimmt vermeintliche Werte unbewusst auf, die ihn prägen. Was sind Ihre ureigenen Überzeugungen?

Ich sage Ihnen: Wir hinken ganz schwer hinter der

Geschichte her in Deutschland. Wir hatten eine Frauenbewegung, seit fast 30 Jahren erscheint »Emma«, Gleichstellungsbeauftragte und die Frauenquote haben versucht, Frauen vom Herd wegzuholen. Mit gutem Grund: Kinder fühlen sich am wohlsten unter Kindern, Frauen kriegen eine Krise, wenn sie nur allein mit den Kindern und dem Haushalt sind.

Öffnen Sie Ihren Blick, schauen Sie über den Tellerrand. Wir sind wirklich allein in Europa mit diesem Muttermythos. Es gibt keine Studie, die besagt, dass es Kindern nutzt, wenn die Mutter zu Hause bleibt. Es gibt dagegen zahlreiche, die belegen, wie sehr die Mütter draufzahlen.

## Arbeit macht sexy

### Das Glück der berufstätigen Mutter ist auch das Glück des Vaters

Jetzt wird es richtig spannend. Wir befinden uns direkt im Mikrokosmos des Verhältnisses des Mannes zur Frau. In diesem höchst sensiblen Bereich »Versorgungswerk Ehe«. Lassen Sie uns einen Blick in die zumeist verschlossene Männerseele werfen. Ich habe für dieses Buch viele Gespräche mit Männern geführt, über ihre Gefühle, ihr Selbstverständnis.

Ich habe schon erwähnt, dass die meisten Männer überhaupt kein Problem damit haben, die Versorgerrolle zu übernehmen. Auf der einen Seite haben sie gelernt, die häusliche Arbeit zu achten, auf der anderen Seite bleibt ihnen natürlich auch nichts anderes übrig. Wir alle basteln täglich aufs Neue an dem Bild, dass ein Mann eben nicht in den Erziehungsurlaub geht. Seine Karriere wäre dann zu Ende. Während ich dies schreibe, wird in Deutschland heftig über das Elterngeld diskutiert und darüber, dass man Väter verpflichten sollte, zwei Monate zu Hause zu bleiben. Das ist ein Ansatz, finde ich. Es scheint sich etwas zu bewegen. Viele Männer werden das begrüßen, viele sind sicher auch nicht scharf drauf, den ganzen Tag zu Hause zu hocken. Sie ahnen von den Wochenenden her, wie zermürbend das sein kann. Sie wissen aber auch, wie lang der Tag ist, wenn die Kinder älter sind, welche Freiheiten die nicht berufstätige Frau hat. Dann hat sie praktisch den ganzen Vormittag zur Verfügung. Und den Nachmittag dazu, wenn die Kinder verabredet sind.

Ich habe schon den schlimmsten Spruch zitiert, den eine Vollzeitmutter von sich geben kann: »Warum bekommt eine Frau Kinder, wenn sie arbeiten will und die Kinder weggibt?« Jetzt kommt der schlimmste Spruch aus dem Lager der berufstätigen Mütter: »Was macht eine Hausfrau den ganzen Tag, wenn die Kinder größer sind?« Auf die vorsichtige Nachfrage bekommt man die zähneknirschende Antwort, dass man sich eben um alles kümmere. Dazu zählt auch: Geschenke kaufen für Kindergeburtstage, Schulhefte besorgen, der Schwiegermutter Blumen schicken. Ich denke, das macht man doch nebenbei. Da geht man doch nicht extra los.

Ich komme zum Mann, erst einmal zu meinem. Wenn er mich abends fragen würde, was ich am Vormittag getan hätte und ich antworten würde: Küche aufgeräumt (10 Minuten), Wäsche aufgehängt (10 Minuten), Gemüsesuppe gekocht (20 Minuten), einmal gesaugt (10 Minuten), beim Kinderarzt einen Termin gemacht (3 Minuten), für die Tochter eine Verabredung mit einer Mutter arrangiert (3 Minuten) – dann käme ich auf etwas über eine Stunde. Die Kinder sind bis 13.30 Uhr aus dem Haus. Gehen wir davon aus, dass es an diesem Tag, wie oft von den Kindern gewünscht, Nudeln ohne Sauce gibt, hätte ich am Vormittag ordentlich Gelegenheit gehabt für Freizeitunternehmungen.

Ich könnte behaupten, ich hätte den ganzen Nachmittag mit den Kindern gespielt. Mein Mann weiß, Sie wissen auch: Kaum jemand spielt fünf Stunden mit den Kindern. Die Hausfrauen, die ich kenne, liegen nicht den ganzen Nachmittag mit den Kindern auf dem Teppich und spielen. Sie beschäftigen sich mit dem Haushalt, die Kinder laufen nebenbei. Die berufstätigen Frauen, die ich kenne, beschäftigen sich in ihrer »freien« Zeit ausschließlich mit den Kindern.

Wenn Sie schon Kinder haben, dann machen Sie eine Liste. Schreiben Sie auf, wie viel Zeit Sie heute wirklich mit Ihren Kindern verbracht haben. Gemeint ist nicht die Zeit, als Sie im Garten Kaffee getrunken haben und die Kinder auf dem Rasen gespielt haben. Gemeint ist auch nicht die Chauffeursarbeit, die Kinder zum Sport und zu Verabredungen bringen. Gemeint ist: schmusen, spielen, lesen usw., aktives Zusammensein.

Ich bin gespannt, auf welche Zeit Sie kommen. Ich kenne eine Topmanagerin, die nur morgens von 6 bis 8 Uhr und abends zwischen 18 und 20 Uhr für ihren Sohn da ist – dann aber ausschließlich. In diesen vier Stunden geht sie nicht ans Telefon, räumt keine Spülmaschine aus, hängt keine Wäsche auf – es dreht sich alles um die Playmobil-Männchen, den Einkaufsladen und die Holzeisenbahn. Vier Stunden – können Sie da mithalten? Das nennen Erziehungsexperten »Quality Time« – das ist die Säule des kindlichen Glücks. Das ist auch eine Quelle mütterlichen Glücks!

Forscher, die Tagebucheintragungen von Tausenden von Müttern untersuchten, stellten fest, dass die arbeitenden Frauen die Stunden zu Hause intensiver nutzten als Vollzeitmütter. Statt um den Haushalt kümmerten sie sich um die Kinder und konnten somit den Faktor »weniger Zeit im Haus als die Hausfrau« wieder wettmachen.

Ich hätte jedenfalls ein gewisses Problem, meinem Mann meinen Tag zu erklären. Und mein Mann ist ein großzügiger und freundlicher Mensch. Wenn er mich jedoch im Sommer um 17 Uhr auf dem Handy erreicht und ich trinke mit Freundinnen im Garten Prosecco, dann merke ich, dass da am anderen Ende der Leitung jemand schmollt. Er sitzt natürlich im Büro auch gelegentlich mit einem Kollegen zusammen, trinkt Kaffee. Der Unterschied ist, dass er dafür sorgen muss, dass die komplette Familie finanziell versorgt ist. Er muss funktionieren, muss richtig gut sein, weil er nach der Qualität seiner Arbeit bezahlt wird. Immer bleibt die Angst im Nacken, den Ansprüchen der Arbeitswelt nicht zu genügen. Das stelle ich mir hart vor. Das ist hart, ich weiß es ja. Fakt ist: *Mein Mann kann nur im Urlaub um 17 Uhr in der Sonne sitzen. Das sind drei Wochen im Jahr.* Als ich mit unserer Nele noch allein war und sie den Besuch eines Lokals nicht mehr boykottierte, sondern genoss, habe ich mit ihr jeden Nachmittag des Sommers in einem Garten oder in einem Eiscafé verbracht. Mit Elias geht das nicht, er bleibt nicht auf seinem Stuhl sitzen und genießt sein Eis, sondern rennt jedem vorbeifahrenden Auto hinterher. Nächstes Jahr wird es wieder gehen. Bei Kindern alles eine Frage der Zeit.

Sind Sie wirklich sicher, dass Sie genau wissen, was Ihr Mann über Ihren Tagesablauf denkt? Mir haben erschreckend viele Männer gebeichtet, dass sie nicht wirklich einverstanden sind mit dem Hausfrauenmodell. Sie finden es ungerecht, dass die ganze Last auf ihren Schultern ruht. *Es ist in der Tat ungerecht.* Ein Mann spricht darüber nicht mit seiner Frau, niemals. Das ist, als ob er nicht mit zur Entbindung will.

Ich weiß über diese Männergedanken vor allem auch von den Kollegen aus dem Büro Bescheid. Dort sagen Männer, was sie wirklich fühlen. Ich glaube, Männer finden Frauen, die arbeiten, richtig gut. Auch rein äußerlich. Hausfrauen sind nur in schlechten Filmen sexy. Es geht das Gerücht, dass die arbeitende Mutter nicht so attraktiv für den Mann sei, weil sie abends erschöpft ist, graugesichtig und frigide. Ich kenne es anders, habe das hundert Mal gehört von Frauen und Männern: Arbeit macht sexy. Erfolg macht sexy. Beide Geschlechter. Und sich gegenseitig sexy finden in der Ehe, das macht wirklich glücklich.

**Vorsicht, Falle!**

Sehen Sie zu, dass Sie in den ungeahnten Genuss einer aufregenden Partnerschaft kommen. Lassen Sie sich um der Liebe zu Ihrem Partner willen nicht in die Heimchenecke drücken. Auch in dieser Hinsicht müssen Sie vorausschauend sein! Selbst, wenn Ihnen Ihr Mann jetzt zu Füßen liegt.

Ich sehe gerade die Ehen scheitern, die nach dem klassischen Modell laufen. Diese Männer haben in ihrem Bewusstsein, dass sich etwas getan hat, dass ihre Ehefrauen anders sein könnten als ihre Mütter.

Sie unterdrücken das nur, weil auch ihnen immer wieder eingeredet wird, was die Mutter, die zu Hause bleibt, alles leistet. Das Nachsehen haben Sie dann, wenn er nach 15 Jahren eine Affäre mit einer Kollegin anfängt, mit einer, mit der er über seinen Job reden kann.

## Ein ganzer Stall voll

Karriere mit Kindern funktioniert nicht nur in elitären Kreisen

Vielleicht hat Sie das Lebens- und Glücksmodell, das ich entworfen habe, überzeugt. Vielleicht entspricht es sogar Ihrer gegenwärtigen Situation. Sie haben ein Kind, einen Job, sind glücklich. Sie können sich allerdings nicht vorstellen, dass es auch funktioniert, wenn Sie eine große Familie gründen wollen. Ich will Ihnen gar nicht mit Familienministerin Ursula von der Leyen kommen, obwohl ich sie sehr bewundere. Sie hat sieben Kinder. Die erfolgreiche PR-Frau Alexandra von Rehlingen hat vier Kinder. Ich weiß genau, dass viele Frauen diese viel zitierten Beispiele nicht schätzen, weil sie davon ausgehen, dass dieser Typus von Karrierefrau und Mutter die Möglichkeit hat, jede Menge Personal einzustellen. Das stimmt natürlich auch.

Trotzdem, es gibt auch »normale« Frauen, die mehrere Kinder haben und ihrem Beruf erfolgreich und froh nachgehen.

In Ländern wie den USA, in Frankreich, Finnland, Schweden und Dänemark, wo anteilsmäßig viel mehr Frauen berufstätig sind als in Deutschland, ist die Geburtenrate viel höher und noch dazu die wirtschaftliche Dynamik größer als bei uns. *All diese Staaten haben, wenn auch auf unterschiedliche Weise, die Gleichheit der Geschlechter im Beruf als Voraussetzung für gesellschaftliche Modernisierung begriffen.* Deshalb geht der Staat auch auf die Bedürfnisse der arbeitenden Eltern ein. Ich sagte bereits, dass wir in dieser Hinsicht auf dem Mond leben. Vielleicht ändert sich etwas, wenn immer mehr Kinder geboren werden – und immer mehr Mütter arbeiten gehen wollen und die desolate Betreuungssituation nicht mehr hinnehmen.

So weit zum gesellschaftspolitischen Aspekt, nun zum privaten: zu Ihrer Beziehung. Für den Mann gelten nach dem ersten Kind die gleichen Gesetze wie vorher. Es kann noch der richtige sein – dann nur zu. Es kann schon der falsche sein – dann nur zu, bevor er weg ist. Es kann ein neuer richtiger sein – ebenfalls nur zu. Machen Sie die Entscheidung nicht von dem Mann abhängig. *Es gibt auch Frauen, die der Chance hinterherweinen, dass sie kein zweites Kind bekommen haben!*

Fast hätte ich diese Erfahrung gemacht. Als bei mir die starke Sehnsucht nach einem zweiten Kind keimte, hatten mein Mann und ich eher eine kritische Zeit. Den Wunsch nach einem zweiten Kind habe ich jedoch ganz unabhängig davon verspürt. Es war zum Zeitpunkt seiner Zeugung gewiss nicht die Krönung einer großen Liebe.

Ich habe ohnehin einige Jahre dafür gebraucht, bis ich überhaupt mit mir im Reinen war, ob ich noch ein Kind möchte. Über den Altersabstand habe ich dabei nicht nachgedacht. Die praktische Erwägung, dass die Geschwisterkinder miteinander spielen können, hat für mich auch nicht gezählt. Mittlerweile kannte ich viele Mütter mit mehreren Kindern. Manchmal war es so, dass sie zusammen spielten. Manchmal aber kriegten sich die Geschwister ständig in die Wolle, so dass die Mutter hauptsächlich damit beschäftigt war zu verhindern, dass sie sich die Köpfe einschlagen. Außerdem hatte ich ja schon im ersten halben Jahr nach der Geburt meiner Tochter wieder angefangen zu arbeiten, und je älter sie wurde, desto mehr merkte ich, wie fantastisch das klappt. Mit einem Kind ist das wirklich überhaupt kein Problem, und man kann ein großartiges freies und selbstbestimmtes Leben führen – fast wie früher. Zentral war für mich: Würde ich auch mit zwei Kindern ich selbst bleiben und arbeiten können? Auch die schwierige Zeit am Anfang hatte ich nicht verdrängt: nicht schlafen, nicht in Ruhe essen, einsame Nachmittage in der Küche, Erotik auf Sparflamme. Mein Leben war traumhaft mit meiner wunderbaren Tochter Nele. Sie sitzt mir gegenüber am Schreibtisch und malt, während ich arbeite. Das perfekte Duo. Ich hatte große Sorge, dass meine Nerven zwei Kinder nicht aushalten.

Mit der Zeit packte mich eine gewisse Wehmut, weil Nele größer und größer wurde. Als Mutter hat man ja das Gefühl, die Kinder wachsen immer schneller. Ich konnte immer schwerer damit leben, dass sie meine »einzige« Erfahrung mit einem Kind bleiben sollte. Irgendwann las ich ein Interview mit Iris Berben, in dem sie gefragt wurde, ob sie irgendetwas bereue in ihrem gelungenen Leben. Dass sie kein zweites Kind bekommen habe, sagte sie. Das hat mich schwer beeindruckt. Und ich dachte an all die tollen Frauen, die noch viel mehr Kinder haben und ihr Leben wuppen. »Ich bin Mutter von vier Kindern und Anwältin, das ist mein Status im Leben«, hat mir mal eine sehr beeindruckende Frau gesagt. Da war keine Rede von Hausfrau oder gar Familienmanagerin. Genau. Und ich bin Journalistin und Mutter, dann eben von zwei Kindern.

Nele brachte eines Tages unser zweites Baby »auf den Weg«. Wir saßen im Bus, auf einmal faltete sie ehrfürchtig die Hände und sagte: »Lieber Gott, zauberst du ein Baby in Mamas Bauch?« Ich sah ein, dass es an der Zeit war. Für Nele, für mich. Für meinen Mann sowieso. Er wollte immer ein zweites Kind. An meinem 40. Geburtstag traf ich dann die Entscheidung – wissend, dass mir auch biologisch bald die Felle wegschwimmen.

Ich habe es aber nicht für Nele getan, nicht nur deshalb, damit sie kein Einzelkind bleibt. Es geht auch ohne Geschwister. Alle Untersuchungen an Einzelkindern zeigen, dass sie nicht signifikant egoistischer sind oder verwöhnter.

Als unser Sohn dann zur Welt kam, musste ich noch einmal schwer umdenken. Es ist tatsächlich so, dass die Veränderung von keinem Kind zu einem Kind nicht so krass ist, wie die Veränderung von einem Kind zu zwei Kindern. Darüber sprechen merkwürdigerweise die wenigsten Frauen. Eine kenne ich, die hat in der Hinsicht kein Blatt vor den Mund genommen. Sie erzählte, dass ihr die Situation mit zwei kleinen Kindern den letzten Funken Kraft aus den Knochen gezogen hätte, dazu der Haushalt, keine Minute Zeit für sich. Sie liebte ihre Kinder über alles, sagte aber ehrlich: »Ich weiß nicht, ob ich das noch einmal täte.« Damals hatte ich erst ein Kind und ertappte mich tatsächlich dabei, dass mir der Gedanke durch den Kopf schoss, dass diese Frau eine schlechte Mutter sei. Und das mir! Im

Nachhinein möchte ich mich für die Gedanken entschuldigen. Diese Frau hatte keine Hilfe. Es muss der Horror gewesen sein in der ersten Zeit. Mir ging es genauso, ich konnte oft noch nicht einmal auf die Toilette gehen. Beide Kinder standen und lagen dann neben der Kloschüssel und heulten. Das eine aus Eifersucht, das andere, weil es gestillt werden wollte. Ich werde nie vergessen, wie ich die mittägliche Mahlzeit zubereitete – meinen Sohn auf dem Arm am Busen, mit der anderen Hand die Fischstäbchen umgedreht. Tränen der Wut und der Erschöpfung in den Augen. Ich hatte auch niemanden, der mir groß zur Seite stehen konnte. Mein Mann ist sehr viel unterwegs, war drei Monate nach der Geburt von Elias für vier Wochen in Australien. Das waren die schwersten Stunden meines Lebens. Wie oft habe ich in dieser Zeit die fiesen Mitmütter verflucht, die überhaupt nicht verstehen konnten, warum ich so nahe am Wasser gebaut hatte. Nein, an Stress in der Anfangszeit könne man sich nicht erinnern. Ach, das war nur schön. Dass die Mutter oder die Schwiegermutter (oder ein Aupair-Mädchen) über Monate geholfen hat oder der Mann bereits um 18.30 Uhr nach Hause kam, das erwähnen sie nicht. Wenn ich dann die Beherrschung verlor und einen kleinen Nervenzusammenbruch bekam, hieß es auch gern: »Das kommt daher, weil du so früh angefangen hast zu arbeiten. Das ist zu viel für dich.«

Oh nein! Was ist das doch für ein Jahrhundertirrtum. Hätte ich das nicht getan, hätte ich nur mit meinem Busen und den Fischstäbchen jongliert, wäre ich wahnsinnig geworden. Dann wäre aus dem kleinen Nervenzusammenbruch eine geistige Umnachtung geworden. In der

Arbeit fand ich meine Nische. Als ich meine weise Freundin Anne fragte, wie es mit zwei Kindern sei, sagte sie: »Wie im Irrenhaus. Zwei Jahre ist es wie im Irrenhaus.« Mit dieser Auskunft konnte ich etwas anfangen. Immer, wenn irgendetwas nicht klappte, habe ich daran gedacht und gelacht. Und wenn es gar nicht mehr ging, kam Anne und hat die Ärmel hochgekrempelt und geholfen, einfach geholfen.

Jetzt ist mein Sohn drei Jahre alt, aus dem Gröbsten raus, und alles hat sich zurechtgefügt. Im Nachhinein sage ich, dass ich die größte Anstrengung meines Lebens hinter mir habe, aber auch die schönste. Ich habe viele Federn gelassen – doch ich würde immer wieder ein zweites Baby haben wollen. Wenn ich früher im Leben damit angefangen hätte, sogar noch mehr. Ich sehe meine beiden Süßlinge an und denke: Meine Kinder, ein Reichtum, eine Pracht. Man kann im Prinzip nicht genug davon haben.

**Vorsicht, Falle!**

Auch einer der großen und für die Frauen tragischen Irrtümer: dass das Glücksmodell Kinder und Beruf nur mit einem Einzelkind funktioniert. Dass Sie schon wieder als Frau und Mutter aufgefordert sind, zu verzichten, in diesem Fall auf weiteren Nachwuchs.

Ich habe den Eindruck, es tut sich etwas in unserem Land, die Weichen werden neu gestellt. Die Politiker sehen mit Sorge, wie wenig Kinder geboren werden.

Machen Sie Druck, gemeinsam mit anderen Frauen. Wenn endlich für eine optimale Betreuung unserer Kinder gesorgt ist, können Sie sich getrost einen ganzen Stall voller Kinder wünschen. Und aufgrund Ihrer finanziellen Unabhängigkeit diesen Wunsch selbst dann realisieren, wenn nicht der richtige Mann da ist.

## Ausblick: Doch noch das Glück der Kinder

In der nächsten Mütter-Generation muss alles anders werden

*»Ich bin keine Mutter, aber dennoch kenne ich mich damit aus – denn ich selbst habe ein Prachtexemplar von Mutter. Meine hat, obwohl – und weil !!! – wir drei Kinder waren, immer voll gearbeitet. Sie war Lehrerin, ein wirklich harter Job, der selbst dann nicht endete, wenn nach der Schule die Wohnungstür hinter ihr ins Schloss fiel. Das Leben, der Alltag konnte sich dabei ganz zwangsläufig nicht nur um unsere Bedürfnisse drehen, wir waren Teil der Familie, aber nicht deren einziger Sinn und Zweck. Dieses Erleben hat uns drei, meine Brüder und mich, zu »Teamspielern« werden lassen, die in der Lage waren, das eigene Wollen auch mal hintan zu stellen.*

*Meine Mutter hat mir ein Frauenbild vorgelebt, das ich einfach Klasse finde. Sie hat uns immer das Gefühl gegeben, bedingungslos geliebt zu werden, eine Art der Liebe, die wir in unserem Leben nur von unseren Eltern erfahren, niemand sonst wird uns je wieder so lieben.«*

Das stand auf der »Hausfrauenseite« im Internet. Wenn mir meine Tochter (und natürlich auch mein Sohn) in zehn Jahren solche Worte sagt, dann habe ich alles richtig gemacht. Diese Dinge sind so elementar: dass ich ihr

Vorbild bin; dass sie sich richtig einordnen können in das Weltengefüge und nicht denken, sie seien der Mittelpunkt der Welt. Und dass sie sich bedingungslos geliebt fühlen. Mehr kann eine Mutter nicht erwarten. Was kann ich ihnen zurückgeben? Eine glückliche Zukunft. Gesunde Kinder, einen tollen Job, einen wunderbaren Mann.

Meine Tochter fragt mich bereits jetzt, warum die eine Mutter arbeitet, die andere nicht. Ich verkaufe ihr die Wahlfreiheit nicht als Errungenschaft, sondern bereits jetzt als Falle. Ich würde sie auch lieben, wenn sie ihr ganzes späteres Leben in der Küche verbringt. Ich glaube aber nicht, dass sie das tut. Nele sieht, wie gut es mir geht. Und sie findet mich auch »cooler« als andere Mütter, sagt sie. Man kann kein kleines Mädchen mehr damit beeindrucken, dass man eine gute Hausfrau ist.

Wie mich meine Tochter als Mutter erlebt, möge folgendes Zitat beweisen. Es liest sich ähnlich wie das Eingangszitat zu diesem Kapitel. Nele sagt: »Mama, ich liebe dich, ich finde es so schön, dass du immer da bist.«

Ich bin da. Das empfindet sie nicht so, weil ich meistenteils zu Hause arbeite. Mein Büro ist seit der Geburt von Elias militärisches Sperrgebiet, da darf keiner mehr rein. Nele nur dann, wenn Elias nicht da ist. Er ist zu klein, um zu verstehen, dass man Texte nicht einfach löschen darf.

*Nele fühlt meine Nähe, weil ich im Prinzip immer für sie da bin.* Das ist nicht die numerische Ansammlung von Stunden. Sie meint mein inniges Verhältnis zu ihr, das ihr Vertrauen gibt. Und sie meint die *Quality Time,* die ich ihr widme. Wenn ich nicht arbeite, bin ich mit ihr zusammen. Da wird höchstens mal Wäsche aufgehängt. Die Kinder laufen nicht nebenbei. Ich sitze auch nur ausnahmsweise mit anderen Müttern beim Kaffee, während die Kinder spielen. Entweder arbeite ich oder bin wirklich mit den Kindern intensiv in Kontakt.

Wenn ich sehe, wie Mädchen in meinem Umfeld heute noch auf ihre Mutterrolle vorbereitet werden, sträuben sich mir die Haare. Dann habe ich kaum Hoffnung, dass sich bei uns je etwas ändert. Ich weiß, dass Jungs wirklich gern mit Autos spielen – und Mädchen mit Puppen. Es macht auch keinen Sinn, den Mädchen einen Kran in die Hand zu drücken. Doch mit liebender und fürsorglicher Hand hat eine Mutter diverse Möglichkeiten, ihr Mädchen auf den besten Weg zu bringen. Dass man sein Mädchen nicht mädchenhaft erziehen soll, hat schon hundert Mal in der »Emma« gestanden, es hat nichts genützt.

Die meisten Mütter um mich herum geben eins zu eins an ihre Mädchen weiter, was sie von ihren Müttern gelernt haben, von denen offensichtlich keine bei feministischen Aufmärschen in der ersten Reihe gestanden hat. Die Werte, die heute noch vermittelt werden: Schön sein ist wichtig, sich pflegen und dienen. Zur Babypuppe gesellt sich schnell eine Kinderküche. Besonders verhängnisvoll gerade dann, wenn das kleine Mädchen die eigene Mutter nur so erlebt: am Herd, beim Putzen, beim Schminken. Sie möchte ihre Mama imitieren.

Meine Tochter erlebt mich anders. Ich bin in der Redaktion, ich sitze hier zu Hause, lese, telefoniere, schreibe. Ich habe Kollegen – nicht nur Mütterfreundinnen. Ich gehe oft aus, lade oft Menschen ein. Sie weiß, dass ich ein eigenes Konto habe, unerlässlich für eine moderne Mutter.

Natürlich sieht sie mich auch am Herd, auch, aber nicht ausschließlich.

Sie träumt jetzt schon von einem Stall voller Kinder, käme aber nie auf die Idee, sich ein Kinderbügelbrett zu wünschen. (So etwas gibt es.) Ich warne jedenfalls vor dieser kognitiven Verknüpfung, die die Mädchen suggeriert bekommen von ihren Müttern: Mutter ist gleich Hausfrau! Auch dieses Brimborium um die Kleidung, das von den Müttern auf die Mädchen übertragen wird, würde ich schwer bremsen. Ich liebe neue Kleider. Ich bin ein so genanntes »Fashion Victim«. Doch meine Tochter bekommt sehr deutlich zu spüren, welchen Stellenwert das im Leben hat. Wenn sie mich morgens bittet, ihr komplizierte Frisuren zu machen, sage ich: »Sorry, wir sind hier nicht beim Frisör. Ich habe auch keine Zeit für eine Hochsteckfrisur. Du kriegst einen Zopf, der ist praktisch und schnell gemacht. Und du bist so oder so wunderschön.«

Viele Mütter erzählen mir, welches Theater es jeden Morgen am Kleiderschrank gibt. Wie sie es erzählen, daran merke ich, dass da auch eine gewisse Koketterie mitschwingt: unsere kleine Prinzessin. Es ist meine Aufgabe, meinen Kindern ästhetisches Empfinden und Geschmack beizubringen – aber es ist auch meine Aufgabe, Putzsucht und Eitelkeit in Grenzen zu halten, um sie auf das Leben vorzubereiten.

Wo wir beim Leben sind, beim Ernst des Lebens – die Ausbildung. Die Mädchen mit Schleifen und Bügelbrettern, die von ihren Müttern früh auf ihre Hausfrauenrolle vorbereitet werden, besuchen natürlich eine Schule, werden gefördert, machen eine Ausbildung oder studieren.

Diese Errungenschaft des Feminismus hat sich durchgesetzt, keine Frau würde heute auf die Idee kommen, eine Hauswirtschaftsschule zu besuchen, weil man dort das lernt, was man braucht, wenn man mit den Kindern zu Hause bleibt. Darüber hinaus ist das, ich erwähnte es bereits, ein ehrbarer und gut bezahlter Beruf: Hauswirtschaftsmeisterin.

Ich wundere mich, wie oft gerade Frauen, die ein langes und teures Studium hinter sich haben, nie wieder arbeiten. Ein Studienplatz kostet die Gesellschaft viel Geld. Schon bei der Berufswahl stelle ich fest, dass Mädchen einen Beruf anpeilen, der ihnen Freude bringt. Dagegen ist auch überhaupt nichts zu sagen. Sie denken allerdings kaum ans Geldverdienen, daran, dass sie eine Familie ernähren wollen oder müssen. So als sei es abgemachte Sache, dass dies eines Tages ein Mann tun wird. Ich habe noch nie gehört, dass ein junges Mädchen sagt: »Ich würde gern Germanistik studieren, doch das ist eine brotlose Kunst. Ich werde Ärztin, damit kann ich auf jeden Fall meine Familie ernähren.« Männer dagegen entscheiden eher pragmatisch – werden lieber Ingenieur als Architekt. Verstehen Sie, was ich damit sagen will? Warum sollte man nicht den Mädchen mit auf den Weg geben, dass alles möglich ist – dass auch sie der Ernährer sein können? Oder dass sie sich diese Aufgabe mit dem Mann teilen? Ein Mädchen muss lernen, dass es sich zumindest selbst versorgen muss. Und auch seine Kinder.

Frauen verdienen weniger. Dies ist nicht nur der Fall, weil sie schlechter bezahlt werden, sondern weil sie sich auch freiwillig Berufe suchen, die schlecht bezahlt sind.

Noch immer tummeln sich siebzig Prozent aller berufstätigen Frauen in einem engen Ghetto von zehn bis zwölf mehr oder weniger perspektivlosen Berufen.

Frauen heiraten auch gern Männer, die es ihnen ermöglichen, nicht mehr arbeiten zu müssen. Eine Untersuchung zum Heiratsverhalten deutscher Frauen hat ergeben, dass Frauen heute grundsätzlich genauso wenig wie vor 30 Jahren bereit sind, einen Mann zu heiraten, der wenig verdient. Wenn die Männer so denken und fühlen würden, hätte ich fast nur Singles um mich herum.

Wenn die Frauen wüssten, was ihnen da alles durch die Lappen geht! Eine der sensationell glücklichen Ehen, die ich kenne, ist die zwischen einer Lehrerin und einem mehr oder weniger erfolglosen Drehbuchautor. Sie, die in erster Ehe mit einem Unternehmensberater verheiratet war und das Püppchenleben kennt, sorgt für die Familie. Wenn ich sie in einer Gruppe von anderen, durch den Mann gut situierten Ehefrauen erlebe, ist sie die Einzige, die von innen strahlt.

Der Beruf nur als Übergangsprojekt, der Mann als Versorger – wer seinen Kindern das vorlebt, ändert nichts am Weltenlauf, nichts an seinem eigenen Unglück. So geht die ganze Sache natürlich endlos weiter. Der Mann bleibt fatale wirtschaftliche Notwendigkeit. Die Frau bleibt unfrei. Keiner ist richtig zufrieden. Es muss sich etwas ändern. Ich schließe mich Barbara Vinken an, die die Hoffnung auf eine neue deutsche Mutter noch nicht aufgegeben hat:

*»Sicher wird noch viel Wasser den Rhein hinunterfließen, bis sich eines Tages auch diesseits des Rheins die heillose Verwirrung institutioneller, ethischer und pseudobiologischer*

*Kategorien entwirrt. Vielleicht wird man auch hier eines Tages nicht mehr verstehen, wieso nur eine Geburt ohne schmerzstillende Mittel die wahre Mutter ausmacht, warum das unmittelbare Anlegen an die Brust fürs Leben prägend ist, der erste Blickkontakt zwischen Mutter und Kind für beider Beziehung grundlegend ist, die Liebesfähigkeit im Allgemeinen durch den ersten mütterlichen Körperkontakt festgelegt sein soll und das Glück des Menschen lebenslang am Roomingln hängt. Vielleicht werden wir auch eines Tages wie unsere Nachbarn bei der Vorstellung eines dreijährigen Erziehungsurlaubes erstaunt die Augenbrauen hochziehen. Vielleicht lächelt man auch eines Tages ungläubig bei der Vorstellung, dass es eine Zeit gab, in der die Schulen einmal um acht, ein andermal um halb zehn beginnen und die Kinder zu jeder beliebigen Zeit nach Hause schicken konnten. Vielleicht wird auch uns das Lächeln vergehen und besorgten Falten Platz machen, wenn wir erfahren, dass Letzteres im Regelfall zwischen dreizehn und vierzehn Uhr ohne warmes Mittagessen passierte. Vielleicht stehen Frauen eines Tages nicht mehr vor der Alternative, nur Frau oder nicht ganz Frau zu sein. Vielleicht wird es auch hier einmal normal sein, Karriere und Kinder zu haben. Vielleicht erreicht Deutschland auch in Sachen Mütterlichkeit einmal westeuropäisches Niveau. Ich hoffe, meine, unsere Kinder werden es erleben.«*

Sonst lasse ich andere Menschen nicht so viel reden in meinen Texten, aber dieses Zitat passt einfach zu gut. Denn nur, wenn Deutschlands Mütter die Kurve kriegen, kriegt Deutschland auch mehr Kinder! In diesem Jahr wurden Klagen immer lauter, dass die Geburtenrate bei uns drastisch zurückgeht, dass es kurz vor zwölf ist. Sonst werden wir nicht nur alt, sondern sehen auch alt aus, was unsere Renten angeht.

Aus der speziellen deutschen Mutter-Konzeption ergeben sich drei signifikante Hemmnisse, die dem Kinderkriegen entgegenstehen:

Frauen, die ihren Beruf lieben und weit gekommen sind, entscheiden sich bewusst gegen Nachwuchs, weil sie schon im Vorfeld keine Lust haben, sich einreden zu lassen, sie seien eine Rabenmutter, wenn sie beides wollen: Kind und Karriere. Wir brauchen hochqualifizierte Frauen, die Kinder kriegen!

Immer wieder taucht in den Medien ein neuer Typ Mann auf, der keine Kinder will. Ich denke, das ist keine Chimäre. Und es werden täglich mehr. Männer haben einfach keine Lust, die finanzielle Verantwortung für die Familie allein zu übernehmen. Sie haben auch Angst vor einer möglichen Trennung – weil sie ihr ganzes Leben zahlen müssen. Nicht nur für die Kinder – auch für die Frau, der das Gesetz erst nach Jahren zumutet, wieder arbeiten zu müssen. Auch das sagt natürlich kein Mann. Wer heute formuliert: Ich erwarte, dass meine Frau selbstverständlich nach einem Jahr wieder arbeitet, gilt als Menschenschinder und Geizhals. Oder er wird als Versager gesehen, der es nicht »schafft«, seine Familie allein zu ernähren.

Die Übermütter machen sich so viel Stress mit ihren Kindern, dass sie schon mit einem Kind total überfordert sind. Sie möchten vielleicht mehr Kinder, doch das eine sprengt bereits ihr Kräftebudget.

Fazit: Was wir brauchen, ist ein neues Leitbild für Mütter. Frauen müssen wieder wissen, wie sehr es sich lohnt, Kinder in die Welt zu setzen. Dass sie alles haben können! Wie gigantisch das ist, ohne schlechtes Gewissen beide Geschenke des Lebens anzunehmen: Erfolg im Beruf, Erfüllung durch Kinder – Unabhängigkeit vom Mann. Und Männer sollen Kinder wieder als das sehen, was sie sind: unerlässlich für ein Männerleben, aber keine Eintrittskarte für Frauen ins Exil des Mutter-Daseins. Und Kinder könnten wieder so sein, wie sie sind, wenn man sie als das größte Geschenk ganz selbstverständlich in sein Leben integriert, ohne dass sie die Hauptrolle spielen: erfrischend und verjüngend, voller Phantasie und Leben.

Ich könnte mir vorstellen, dass glückliche Mütter, die sich in ihren Kindern und im Beruf finden, auch fähig sind zu echter Solidarität! Kein Mütterstreit mehr, sondern ein Zusammenleben, wie es Müttern entspricht: liebevoll, produktiv. Wir leben in einer Gesellschaft ohne nennenswerte Visionen. Alle Revolutionen haben bereits stattgefunden, die emanzipatorische auch. Allerdings geschah sie nur in der Theorie. Wäre es nicht an der Zeit für eine korrigierte feministische Utopie? Die Männer sind nicht mehr unser Feind. Als Macho abgeschafft, sind wir mit ihnen in der Softie-Version aber auch nicht zufrieden. Sie sollen wieder stark sein, für uns arbeiten und uns beschützen. Sie sollen Windeln wechseln, sich die Namen der Schulkameraden unserer Kinder merken und den Sonnabend im Zoo verbringen statt auf dem Fußballplatz.

Wenn in Deutschland das Comeback der fünfziger Jahre weiterhin so fleißig angekurbelt wird von Müttern und Medien, dann steht es schlecht um das deutsche Mutterglück.

Die alten abgelatschten Wege, das alte abgedroschene Argument, dass die Mutter zu ihrem Kind gehört, das neue Argument, dass Hausarbeit jeder anderen Berufstätigkeit ebenbürtig ist.

Wir haben jetzt die große Freiheit, alles zu tun, was notwendig ist für ein glückliches Leben mit unseren Kindern. Das bedeutet, dass sie mit einer Mutter groß werden, die von allen Seiten entlastet wird, von ihrer Familie, ihren Freunden, der Umwelt. Schließlich profitiert die Gesellschaft von der Mutter, von den Kindern. Von deren *Glück*. Mütter sollen auf Händen getragen und in Samt gebettet werden. Sie sollen nach ihren eigenen Vorstellungen die Schwangerschaft erleben und Kinder empfangen, sich frei machen von jedem Zwang. Nur eine vermeintliche Mühe darf man der Mutter um ihrer selbst willen nicht abnehmen: ihren Beruf.

## Schlusswort

Ich habe das Buch begonnen mit einer Liebeserklärung an meine Kinder. Die können mittlerweile für sich selbst sprechen – und auch für mich. Sie können mein Glück in Worte fassen. Einen Satz von Nele werde ich nie vergessen: »Mama, ich kann mir gar nicht vorstellen, dass du als Kind immer traurig warst. Du bist doch so glücklich, hast zwei Kinder, einen tollen Beruf, siehst gut aus und hast auch noch einen sehr netten Mann.«

Ja, so ist es. Obwohl ich manchmal extrem genervt bin. Das gehört dazu. Manchmal betrachte ich mich von außen und bin einen Moment erstaunt: Das bin ja ich.

Kein pummliges Entlein mehr aus der Provinz mit einer dicken Brille und mit so viel Ängsten. Nein, eine erfolgreiche Frau mit der Kleidergröße, von der sie immer geträumt hat und dem größten Vertrauen in jeden Tag. Eine meiner liebsten Freundinnen hat gesagt, als sie zum ersten Mal meine Kolumne in *Frau im Spiegel* mit dem großen Foto sah: »Hey, du bist jetzt genau die Frau, die von anderen Frauen beneidet wird.«

So habe ich mich nie gesehen. Ich habe fast mein ganzes Leben lang gedacht, ich bin ein Riesenpechvogel. Und nun doch nicht. Eher das Gegenteil. Ich bin durch das Leben geirrt, habe nach Wahrheit, Weisheit und Glück gesucht, habe mich immer wieder verlaufen, habe mein Herz an die falschen Ideale gehängt. Gekämpft und gerungen habe ich, bis ich Mitte dreißig war. Mein Lebensmotto war (und ist) der Titel eines Romans aus den zwanziger Jahren von Irmgard Keun »Das kunstseidene Mädchen«: *»Ich möchte ein Glanz werden.«*

Nichts ist mir bei der Jagd nach Glanz in den Schoß gefallen – außer den Kindern. Durch sie habe ich mich neu erschaffen, alle Potentiale meines Ichs, meiner Anlagen ausgeschöpft, bin in keine Falle getappt. Mama Birgit ist glücklich. Das können Sie auch. Das wünsche ich Ihnen von ganzem Herzen.

# Danksagung

Ich danke meinem besten Freund und Geliebten Toschi für die tollen Kinder. Ich danke ihm dafür, dass er mich nicht zur Hausfrau gemacht hat, mir während der ersten Schwangerschaft keine Nähmaschine, sondern einen Computer schenkte und mich anfeuerte, Karriere zu machen. Ich danke ihm dafür, dass er mir den Rücken frei gehalten hat, ohne nur im Geringsten an männlicher Souveränität und Sexappeal einzubüßen.

Ich danke allen Frauen, die fleißig Leserbriefe schreiben und mir ihre Nöte schildern, für ihr Vertrauen, weil sie damit den Stoff liefern, aus dem ich meine Kolumnen stricke. Und all meinen »mütterlichen« Freundinnen und Schwestern (Steffi, Silvia, Suse, Birgitta, Christine, Sabine, Kathrin, Lisa, Susanne, Barbara, Inken, Bettina, Danny, Anne, Claudia, Petra, Tanja, Marion, Imka), die seit Jahren aus dem Nähkästchen plaudern, obwohl sie wissen, dass ich alles »verrate und verbrate« in meinen Texten – natürlich ohne Namen zu nennen.

Ich danke auch voller Liebe und Respekt allen unermüdlichen Helfern (Oma Rosi, dass ich bin, wie ich bin; Oma

Elvira, dass sie mich so lieb gehabt hat; Opa Gerd, Oma Ingrid, Opa Peter, Oma Ellen als die weltbesten Babysitter; Oma Mila als weltbeste Ersatzoma) – ihnen allen, die mir die Berufstätigkeit ermöglichen.

# Literatur

Azoulay, Isabelle: Die Gewalt des Gebärens. Streitschrift wider den Mythos der glücklichen Geburt. München 1998.

Bierach, Barbara: Das dämliche Geschlecht. Warum es kaum Frauen im Management gibt. München 2004.

Bloemeke, Viresha Julia: Alles rund ums Wochenbett. Die ersten Monate mit der jungen Familie. München 1999.

Brasch, Christine/Richberg, Inga-Maria: Das ehrliche Buch vom Kinderkriegen. Ängste während der Schwangerschaft und wie sie sich überwinden lassen. München 1998.

Brost, Hauke: Wie Männer ticken. Über 100 Fakten, die aus jeder Frau eine Männerversteherin machen. Berlin 2005.

Dinklage, Meike: Der Zeugungsstreik. Warum die Kinderfrage. München 2005.

Dürr, Anke/Voigt, Claudia: Die Unmöglichen. Mütter, die Karriere machen. München 2006.

Gaschke, Susanne: Die Emanzipationsfalle. Erfolgreich, einsam, kinderlos. München 2005.

Herbold, Astrid: »M.o.M. – Mutter ohne Mann. Berlin 2006.

Horn, Ulrike: Neue Mütter hat das Land. Selbstbewusst und gleichberechtigt. Stuttgart 2000.

Kast-Zahn, Annette/Morgenroth, Hartmut: Jedes Kind kann schlafen lernen. Vom Baby bis zum Schulkind. Wie Sie Schlafprobleme Ihres Kindes vermeiden und lösen können. Ratingen 1995.

Keun, Irmgard: Das kunstseidene Mädchen. Bergisch Gladbach 1980.

Kiani, Wäis: Stirb, Susi! Der Softie macht den Abgang. München 2004.

Mary, Michael: Fünf Lügen, die Liebe betreffend. Hamburg 2001.

Opel, Anna: Guten Morgen, du Müde. Berufstätige Mütter erzählen. Berlin 2005.

Pearson, Allison: Working Mum. Frankfurt 2003.

Schneider, Regine: Gute Mütter arbeiten. Ein Plädoyer für berufstätige Frauen. Frankfurt am Main 2000.

Thurer, Shari: Mythos Mutterschaft. Wie der Zeitgeist das Bild der guten Mutter immer wieder neu erfindet. München 1995.

Vilar, Esther: Der dressierte Mann. Das polygame Geschlecht. Das Ende der Dressur. (Neuausgabe in einem Band). Deutscher Taschenbuch Verlag, München 1987.

Vinken, Barbara: Die deutsche Mutter. Der lange Schatten eines Mythos. München 2002.

# Adressen

Schatten und Licht – Krise nach der Geburt e.V.
Frau Sabine Suhrholt
Obere Weinbergstraße 3
86465 Welden
www.schatten-und-licht.de

Wellcome – praktische Hilfe für Familien nach der Geburt
info@wellcome-online.de

# Register

# Guter Rat von der Erfolgsautorin

16551

16679

16536

16585

Mosaik bei
GOLDMANN